U0118552

藍學堂

學習·奇趣·輕鬆讀

ASKING THE RIGHT QUESTIONS
A GUIDE TO CRITICAL THINKING

看穿假象、
理智發聲，
從問對問題開始

全球長銷40年
美國大學邏輯思辨聖經

尼爾・布朗
M. Neil Browne

史都華・基里
Stuart M. Keeley

羅耀宗、蔡宏明、黃賓星　譯

批判思考讓你成為更好的人

朱家安

人有別於動物的特色之一，在於我們有能力用語言進行複雜的溝通。在理想的世界，溝通能讓人交流價值、討論真實、化解糾紛。然而理想歸理想，在現實生活裡我們常常對意見衝突束手無策。

這在網路世界尤其明顯。回想一下，你上次在網路上看到兩個人留言意見不同，他們努力表達自己和理解對方，最後達成共識，是什麼時候？如果人類是溝通的動物，為什麼我們面對不同意見，常常只有沉默、憤怒和嘲諷這幾種不怎麼樣的選項？

因為溝通能力需要學，不是你投胎成人就會自動長出來。

若照字面理解，「批判思考」似乎是一種用來讓別人心情變差的技能。然而批判思考訓練並不旨在精神攻擊別人，完全相反，它是一門關於理解別人並達成共識的學問。

歧見可能出於對價值的不同預設、對事實的不同理解、對推論方式的不同判斷。批判思考訓練讓我們發現人講理的可能性。找到歧見的肇

因，就有機會找到化解的方案。

自二〇一八年起，學測國文寫作加考「知性」論說文，考的就是反思價值、確認事實和評估推論的能力。我認為大考中心走在正確的路上，因為在現代自由民主社會，小至個人生活選擇，大到國家政策的公共參與，都需要這些能力。大考中心強調批判思考，長遠看來有助於這個國家的未來世代變得能夠互相理解和講道理。

然而，就像統計和程式語言，批判思考能力不可能一夕養成，必須仰賴理論基礎和實戰練習。這本邏輯思辨聖經詳細介紹批判思考需要的知識，從關於語言的基本概念、論證架構、謬誤、舉證，到關於討論的心理學，並搭配跟得上時代的案例和練習題。在中文世界，像本書這樣完整並能獨當一面的批判思考手冊，非常少見。

當我們有能力進行建設性的思考和討論，就不需要再像現在網路上意見不同的人們那樣，使用羞辱和謾罵來對付對手。只要你願意嘗試，批判思考就有機會讓你成為更好的人。

（本文作者為哲學雞蛋糕腦闆、簡單哲學實驗室共同創辦人）

4

「我很清楚具備思辨能力、能提出好問題是多棒的一件事,卻苦於不知道該問什麼、怎麼問。」的確,許多人都在討論批判思考的教學與學習,也很清楚批判思考必備的條件是有系統的提問。但要提出哪些問題?判斷他人言論時,這些提問又如何幫助我們做出縝密客觀的評價?

本書目前來到了第十二版。在這一版,我們有些話想說。民主最好的體現,端視人民有無思辨能力!因提出批判問題而下的決定、形成的信念,值得我們抬頭挺胸,自信以對。如果你能透過該特定標準檢視一件事,再決定去相信它,請為自己感到驕傲;這麼做,讓我們能跨越文化,和所有愛好思考的人遵行同樣一套思維標準。

首先,由於學生與使用本書的老師不斷給予回饋,本書得以持續修正、進步。至今獲致的成就,以及多國讀者紛紛給予正面評價,讓我們感到無比喜悅,同時也戰戰兢兢,深知必須比以往投入更多心力來教育大眾「問對的問題」。

位高權重的人,更應懂得分辨哪些事實是「假新聞」,以其他事實來證實自己的主張。無論事實有爭議,或不完整、需要更多證據來佐證,都是有益的。這也警惕我們,主張任何「事實真相」之前要更加慎重。然而,只為了做出特定的結論而假設「我知道的真相和你一樣」,

可謂對智慧最嚴重的背叛。

人類始終需要批判思考，尤其是歷史上此時此刻，有人提出科學「只是另一種觀點」。

面對新的建議，無論接受或拒絕，做決定都越來越難了。我們每天都面臨大量資訊轟炸，試圖說服我們；其中諸多觀點高度分化，訴諸的往往是大腦的情感面而非理性。不在乎證據、胡亂使用語言的例子隨處可見，在許多公開場合討論中比誰的聲音大，而非誰有理。對自己心中認定的真相深信不疑，即「真相感」（truthiness，「以為或希望是真實，卻非事實」）、抑或對真相漠不關心的現象，已越來越普遍。

隨著我們萌生新的想法，並因應讀者與時俱進的要求，在增修內容時維持本書一貫的特色，是我們隨時謹記在心的最高原則。譬如，我們最在乎的是簡潔易讀的特性，至今為止的經驗也讓我們堅信：在批判性提問技巧的教學領域中，這本小書的確不負所望，成效良好。

此外，本書也持續締造同類書籍無法達到的成果。此次改版提供一套整合度高、一以貫之的提問技巧，運用層面廣泛，同時採取非正式的口語風格。（我們是為一般閱聽大眾而寫，而非針對任何特定的專業族群。）

6

有個特色值得一提，那就是本書不僅適合用於課堂討論，更適用於教室之外的無數生活體驗。與批判思考有關的習慣和態度可以運用在消費、醫療、法律和一般道德問題的抉擇。外科醫師建議你進行手術時，運用本書所列舉的批判性問題來發問，聽聽醫生怎麼回答，再從中去尋找答案，或許會對你產生攸關生命的巨大影響。再者，練習批判思考的提問有助於增加一般知識，也能引領我們更正確看待眼前的世界，發現理解世界更好的方式，以及讓世界變得更好的方法。

本書對什麼樣的人最有幫助呢？我們在過去的教學經驗中接觸到能力各不相同的學生和讀者，而本書所指導的觀念和技巧亦適用於所有學科和課程。事實上，本書過去的版本曾運用於法律、英語、醫藥、哲學、教育、心理學、社會學、宗教和人文科學領域，也在多所高中開課。

針對某些特定用途，本書就更不可或缺了。通識課程的教師可將本書列為指定讀物，以便向學生說明課程要求；強調申論寫作（expository writing）的英語寫作課程，可以本書作為評量文章結構的範本，同時亦可將本書當成檢核表，避免寫作時容易犯下的錯誤。當然，這本書也可以直接當作指導批判性閱讀和思考技巧的教科書。

本書雖主要源於我們的授課經驗，亦適用於指導一般大眾養成閱讀和傾聽的習慣。書中提到的技巧，是讀者思辨時都需要培養的基礎能力。無論讀者的教育程度為何，本書所強調的批判性問題應足以強化推理能力。

此次修訂版的特色如下：

● 長久以來，我們肩負著將批判思考推廣並拓展至寫作與口說的使命。為達此目的，我們邀請一名經驗豐富的寫作老師參與，順利完成本書，幫助從事寫作、口語溝通的人兼顧批判思考。

● 舊版的「視覺呈現」（插畫）造福了許多學生，為了幫助他們學習批判思考，新版加上了各種主題式圖表，凸顯待討論的重要觀念。

● 在整本書中，我們不斷整合《快思慢想》暢銷作家丹尼爾‧康納曼的洞見，尤其聚焦於「慢想」（Slow Thinking）的重要性。

● 新版汰換了舊版三分之一的「練習」，提供的例子都盡量與現代學生的日常生活緊密相關。

● 與舊版相同，我們依然強調批判思考的社交與互動性質，同時也

8

想凸顯一點：提出批判思考問題的方式，影響了提問的價值。譬如，許多讀者原本打算向他人展現自身批判提問的能力，卻發現不是每個人都能欣然接受他人針對自身信念、提出批判性的質疑。相較之下，有些互動方式可讓批判思考者與說話者、作者之間，產生更令人滿意的對話。我們建議的提問和傾聽策略，目的是「讓對話繼續下去」，而非終止對話。比方說，聽者只要回以一句：「你幹嘛找我碴？」批判提問往往就會戛然而止。

● 新版增添了許多新單元，包括「衡量錯誤」（Measurement Errors）、「灰色思維」（Grey Thinking）、「管理式推理」（Managed Reasoning）、「基本歸因錯誤」（Fundamental Attribution Error）等。

● 此版本附有超過兩百個問題與解答，可供教師作為評量工具或作業。欲進一步檢視並使用這些問題，請上由哈佛教授研發的學習效果分析評定平台Learning Catalytics，網址：https://learningcatalytics.com/sign_in?login=true。進入頁面並建立個人帳號後，就能看到。

關於教學手冊

欲利用本書進行教學者，教學手冊提供了全方位的協助，請上網下載：http://www.pearsonhighered.com，或洽詢「培生台灣」：http://www.pearson.com.tw。

第十二版能夠順利付梓，著實欠了許多人情債。我們要特別感謝培生的審閱人：內華達大學雷諾校區的Diane K. Lofstrom Miniel、普來茅斯州立大學的Clarissa M. Uttley、亨廷頓學院（Huntingdon College）的John Saunders、坎伯蘭大學（Cumberland University）的Joshua Hayden，以及峽谷大學（College of the Canyons）的Leslie St. Martin。

學生一直是提供我們改進意見的重要來源，其中有幾位提供了特別寶貴的意見：Alex Jacobs、Joseph Seipel、Caitlyn Reeder與Arataenrique Kaku。

如果你對批判提問與慣性提問的心理發展感興趣的話，請上網加入尼爾·布朗的行列，一起討論問題與答案之間錯綜複雜的關係。

● 讚揚大膽提問、謙虛回答（Celebrating Bold Questions and

● Humble Answers，網址：https://www.celebratequestions.com。

● 打破腦內僵局（Breaking the Ice in Our Heads），網址：https://www.iceinthehead.com/

尼爾・布朗

史都華・基里

目次
CONTENTS

1 CH

問對問題才能得到答案

4 CH

如何分辨曖昧不明的語言？

5CH

有無價值觀衝突與描述性假設？

7 CH

證據的價值：關於個人經驗、案例、證詞、訴諸權威

8 CH

證據有多好？：個人觀察 vs.研究報告

9 CH

是不是有對立成因？

10CH

統計數字可信嗎？

11<small>CH</small>

遺漏了哪些重要資訊？

1 CHAPTER

問對問題才能得到答案

本章學習目標

1　請比較兩個世界：不需要批判思考的世界與我們現居的世界

2　在形塑信念與提出結論的過程中，了解專家扮演的角色

3　清楚批判思考的定義

4　分辨何謂弱義 vs. 強義批判思考

5　價值觀融入批判思考

6　認識可以刺激溝通的批判思考技巧

資訊過多，令人困惑的世界．

本書想鼓勵各位學會一件可以讓生活過得更好的事——批判思考。不過事實上，我們身邊有人住在「完全不需要批判思考」的想像世界，在那裡，下列情況相當常見：

一、說服者只解釋他們希望我們去做的事。

二、遇到令我們困惑不解的人生大哉問時，立刻向可靠的專家、權威或智者求助。這些所謂的「知識之聲」凡事都能達成共識。簡言之，住在這個世界的人，對於該相信什麼、該做什麼，永遠不需要擔心，因為總有智者為我們解答一切。這裡的人只有一個任務：找到智者並聽取他們的意見。

三、欲做出重大抉擇時，這世界的人都能冷靜、積極且保持好奇心。

希望各位讀者都能清楚我們真實居住的世界完全不是這麼一回事，上述世界只存在於想像的烏托邦。

在真實世界的我們，四周滿是想牽著我們鼻子走的人。那種人覺得自己最棒、無所不知，不論食衣住行或該堅持的信念，問他們準沒錯。那種人聲稱握有人人都應該接受的真

相，嘴上總掛著「我樂意幫忙」，他們如影隨形，不讓我們有機會獨立思考、了解自己該成為什麼樣的人。

作者不過花了點時間，上網搜尋瑜珈的副作用，就找到了以下警告：

● 釋放無法控制的恐懼、疾病、性依戀（sexual attachment）、潛意識中可怕的原型形態（arychetypal formation）

● 假死、裝瘋、困惑、焦慮感增加、恐慌症、自殺傾向、憂鬱症、想殺人的衝動、自殘

● 狂躁、精神疾病、幻覺、憂鬱與自殺傾向、神經衰弱、突然心悸、慢性疼痛、人格分裂

看到這裡，各位是不是打算放棄瑜珈了呢？

更糟的是，想說服我們的人並不光明磊落，說話總是真假參半。例如，社會主義者不會說明強勢政府的危險性。保守派不會主動提及社會有多麼不平等，大多數的人都無法靠努力翻身。販售便宜流行牛仔褲的公司也不會讓顧客知道，低價建立在剝削亞洲勞工之上。藥廠鼓吹我們服用黃藍小藥丸，卻隱瞞了證實這類藥物有效的許多科學研究，其背後金主就是想賣你藥的公司。看到這裡，相信大家心裡都有數了吧。

如果我們能住在烏托邦、想要答案就找專家、智者要的話，方才所述的情景就不是問題了。只要等著別人給答案，我們就能抵擋眾聲喧嘩。但事實並非如此，每當意見分歧，我們多半求助無門、亟需那些聲稱可以提供解答的人；而那些人提出的意見卻錯誤百出，且互不相讓、各說各話。下節將著重說明，此真實情況對我們及我們的想法，有何重大意義。

本書將在第十三章探討，人們面對訊息紛亂難懂的世界時，大腦的思考方式常常出差錯。有時大腦令人激賞，出色又有創意地完成了艱難的任務。但大腦中有個慣用的思考模式，常讓我們惹禍上身，也就是丹尼爾·康納曼所說的「快思」（fast thinking）——「系統一思考」（System 1 thinking）。快思指的是自動化、憑直覺且受情緒控制的思考系統。心理學家強納森·海德特（Jonathan Haidt）是這麼形容的：我們對情緒的依賴就像一隻發狂的大象在鄉間橫衝直撞，而我們理性的那一面則像一個袖珍騎象人，拚命想控制大象，讓牠不再狂暴躁動。

「專家說⋯⋯」救不了我們・

我們方才強調，如果你想以「專家之言」為器，在企圖控制你的人山人海中找出生路，等著你的只有巨大的失望。那些人往往說的比做的好聽，或許是因為他們深諳此道：唯有堅

28

稱自己所言千真萬確，別人才有興趣聽他們說話。所以，他們只挑你想聽的話說。

為了更清楚闡明我們的觀點，以下提供三個例子，摘自大衛・傅利曼（David Freedman）二〇一〇年的著作《錯誤：專家為何總是失靈》（Wrong: Why Experts Keep Failing Us，暫譯）：

一、人類應該避免曬太陽嗎？美國疾病管制局表示，曝曬在太陽的紫外線之下，很有可能是導致皮膚癌的元兇。但不對啊，世界衛生組織才說過紫外線曝曬只是致病的微小因子。彷彿資訊還不夠混亂，他們更補充道：比起曬太陽，少曬太陽反而會引發更多疾病。

二、養寵物是維持良好健康的一種方法嗎？美國心臟協會指出，許多研究都顯示養寵物對於飼主的健康有正面影響。然而，根據一份可靠的芬蘭研究報告發現，養寵物與健康不佳有關。

三、手機輻射有害健康嗎？國際流行病協會主席表示，「手機會產生有害放射物質」的說法乃空穴來風。不過南加大醫院的醫學專家對此問題的看法大不相同，他主張已有充分證據證實這則健康警訊──手機會增加罹癌風險。

基本上，專家會提供合理的主張或意見，供我們參考並做出深思熟慮的判斷。不過我們

應該像木匠一樣，而各種說法就像木材，可由我們切割組合，做出我們獨立思考過後的決定。

請特別注意，我們並不是在提倡專家無用論。事實上，要是少了那些學識豐富、對我們可能有益的人，我們在世上也會寸步難行。大家或許早就十分關心所謂的專家意見，我們仍要鼓勵各位再加把勁。你們很快就會明白，除了多聽各領域的專家怎麼說，還要懂得如何將吸收的意見分析評估、去蕪存菁並歸納分類。傾聽的目的是建構屬於自己的解答，而不是像隻迷途小羊或是隨專家操控的人偶，對他人的建議照單全收。

心智力量的必要性 ●

一旦清楚知道自己住在「做決定」的世界，就必須親自面對所謂的「重責大任」：

我們必須堅持而理性地掌握信念與結論。否則無論遇到何人，都會淪為他們的心靈奴隸。

批判思考教的是實際的技巧與應有的態度，幫助人們理性得出自己也認可的答案。批判

思考鼓勵各位多多傾聽並師法他人，與此同時，也不忘衡量他人所言的虛實好壞。就這方面來說，各位會學到一點：我們都得仰賴他人，前提是必須經過精挑細選。批判思考可以將各位從思想桎梏中解放，並且有能力決定自己的未來。

批判思考是救援高手 ●

所謂批判性的傾聽和閱讀，是指運用系統性的方法，來評估所見所聞。這種做法需要一套技巧和態度。這些技巧和態度，是從一連串互有關聯的批判性問題而生。雖然我們將逐一討論和學習這些技巧與態度，但終極目標是要能合併運用、做出最好的決定。最理想的情況是將這些問題變成你的能力，而不再只是你從書本學得的東西。因此，本書將使用的批判思考一詞，是指：

● 察覺一組互有關聯的批判性問題

● 能以適當的方式，詢問和回答批判性問題

● 渴望積極運用批判性問題

本書旨在鼓勵各位投入批判思考的三大面向。

提出問題，當然希望被提問的人有所回應。提問等於向對方表示：「我很好奇。」「我想知道更多。」「請幫幫我。」有這種請求，顯示我們尊重對方。問題的存在，是為了給予聽者資訊、為其指引方向。就這一點而論，批判思考起源於渴望改善我們所思考的事情。提出問題，表示你需要幫忙，以求更深入了解或理解對方所說的話。批判性問題有助於改善你的寫作和發言，幫助你：

- 以批判性的態度，回應一篇文章或教科書、期刊、網站提出

渴望積極運用
批判性問題

察覺一組互有關
聯的批判性問題

批判思考
的三大面向

能以適當的方
式，詢問和回答
批判性問題

- 的證據
- 評斷授課或演講的品質
- 組織論述
- 根據指定讀物撰寫一篇文章
- 參與課堂上的討論

不同的思考風格：海綿與淘金 ●

有一種常用的思考方法，和海綿的吸水反應很像。這種思考法具有幾項顯而易見的優點。

第一個優點是，吸收這個世界的知識越多，越有能力了解其複雜性。學得的知識，可作為日後複雜思考的基礎。

第二個優點是此方法相對消極被動，不需要絞盡腦汁；若教材內容清晰且生動有趣，學起來尤其快又容易。需要耗費心神的地方，主要在於必須專注和記憶。要成為慎思明辨的人，以吸收資訊為起步的確助益良多。可是海綿有嚴重的缺點，亦即無法決定要相信或抗拒哪些資訊和意見。要是讀者一直依賴海綿法，那麼不管最近看過什麼，都會照單全收。

我們認為，與其成為別人的精神傀儡，各位必定想要自行選擇吸收或忽略什麼。要做這種選擇，在閱讀時，你必須抱持一種特別的態度——提問的態度。這種思考方式需要主動積極參與。作者正試著對你講話，你也應該試著回話，即使他不在眼前。

我們把這種互動方式，稱為淘金式思考法。主動積極型的閱聽人，在確定所見所聞是否真有價值的過程，和淘金極為相似。這件事深具挑戰性，有時叫人感到厭煩乏味，但收穫很大。為了分辨談話中的黃金和砂礫，你必須常常提問，並且思索你所得到的答案。海綿法強調知識的吸收，淘金法則強調吸收過程中積極和知識互動。因此，這兩種方法具有相輔相成的互補之效。要淘選知識上的黃金，就必須先有可輔助評選的工具。而要評選各種論述，則必須擁有知識。

採取淘金法的讀者會怎麼做？和使用海綿法的人一樣，都是抱著吸收新知的心情閱讀，但雙方的相似之處僅此而已。淘金法需要讀者問自己許多問題，目的是找到最好的決定或信

念。採用淘金法的讀者，經常對作者各式各樣的見解提出質疑，會在頁邊加注提醒自己、指出推理有問題的地方，不斷和眼前的資料互動。他的目的是以批判性的態度評估那些資料，再根據評估的結果，做出個人的結論。

這就是淘金法最重要的特色——互動參與（interactive involvement），亦即作者與讀者、說話者與聽者之間的對話。批判思考者在替自己的問題找到有說服力的答案後，便會欣然同意對方的見解。

別人說的話，有些實在站不住腳，但不是每次都能一眼看出。你必須是主動積極型的閱聽人，問問題可以做到這一點。批判性發問法是最好的策略；提出這些問題的一大優點，在

淘金思考自我檢查表

我有提問「為什麼」某人想要我相信某件事嗎？

我在思考別人的意見時，有在可能有疑問的地方做筆記嗎？

我有評估對方的意見嗎？

我有根據意見的合理性，針對主題做出自己的結論嗎？

於即使你對討論主題所知相當有限，還是能提出追根究底的問題。舉例來說，你不必是兒童照護專家，也能針對設立托兒所一事，提出一些批判性問題。

弱義和強義批判思考●

先前提到，讀者們對許多個人和社會議題，已有自己的一套見解。針對以下這些問題，你可能心中已有定論：性交易應該合法化嗎？酗酒是一種病，還是個人選擇？歐巴馬是成功的總統嗎？在你傾聽和閱讀某些資訊時，已帶有一些原始的見解。

批判思考可用於兩方面：防衛，以及評估和修改個人的原始信念。理查‧保羅（Richard Paul）教授把批判思考區分為「弱義」（weak-sense）和「強義」（strong-sense），有助我們理解批判思考兩種截然不同的用法。

如果你把批判思考當作防衛原始信念的方法，或者受人錢財而不得不這麼做的手段，那就叫「弱義批判思考」。為什麼稱弱義？因為以這種方式運用批判思考技巧，表示你無意求真或求善。弱義批判思考的目的，是抗拒和消滅與你不同的意見及推理。把壓制和戰勝異議者，當作批判思考的目標，無異於毀滅批判思考潛在的人文層面和進步力量。相形之下，「強義批判思考」需要我們對所有的申論提出批判性問題，連自己的申論也不例外。強迫自己以批判的態度，觀察本身的原始信念，有助於防止自欺和從眾的行為。許多人都持有相同的信念時，人尤其容易傾向於堅守目前的信念。如果我們選擇走這條好走的路，必定會承受極大的風險，易於犯下本可避免的錯誤。強義批判思考並非強迫我們放棄原始信念，這種思考方式也可以強化原始信念。因為以批判性的態度來檢視，有時反而強化我們當初對那些信念的支持力度。

經過選擇之後，持有某種意見，才有引以為傲的理由，因為那是我們了解和評估各種不同意見之後做出的選擇。

常做思辨練習

我們希望你盡可能輕鬆地學習。但是，要養成批判思考的習慣，剛開始的時候需要多加練習。

每一章最後的思辨練習和示範回答，是本書的重要內容。試著去做這些練習，然後比較你的答案和我們的答案。我們的答案不是唯一的正確答案，只是用來說明如何運用發問的技巧。我們故意不提供每章第三個練習題的答案範例，目的是為了讓你有機會運用剛學過的知識、自行思索答案，以產生更大的成就感。

批判思考的價值——與他人的聯繫 ●

請將他人想成是你最珍貴的資源，是你終將擁有的事實、意見和結論的基礎；以一種重要且持續前進的態度，把他人當作家族的一分子，為你培育結論的人。這裡我們所談論的主題是聯繫（connectedness）。

這些互動如何運作，取決於你自己的價值觀和你認為互動對象所擁有的價值觀。在你發現價值觀形塑結論的重要性之前，你必須先了解價值觀的意義。某人的「價值觀」（本書對這個名詞的定義）就是這個人認為值得花時間和心力去實踐的一些「概念」。你還會發現，正因為這個人賦予這些「抽象概念」（abstract ideas）重要性，也因此深深影響了他自己的選擇和行為。

通常某些物件、經驗和行動之所以會變成我們追求的目標，正是因為我們珍惜某些概

38

念。舉例來說，我們可能選擇做某些事，以便有機會接近重要人物；這是因為我們珍惜「身分地位」（抽象概念），所以認為「重要人物」（具體概念）有價值，值得我們花心力、時間去接近。因此，在本章裡，我們所提到的「價值觀」就代表著某人認為重要和好的（抽象）概念。

Attention!

價值觀就是人們認為值得花時間和心力去實踐的概念。我們可藉由價值觀衡量人類行為的品質。

為了讓自己更熟悉價值觀的意思，請你寫下一些自己的價值觀。設法不要寫人名、具體物件或行動的名稱。披薩和打網球或許對你很重要，然而，你賦予抽象概念的重要性，在你判斷有爭議的公共議題時，對你所做的選擇和行為影響最大。比方說，你贊成或反對死刑，就取決於你賦予「生命崇高性」——一種抽象概念——的比重。「生命崇高性」這個價值觀影響著我們對戰爭、墮胎、吸毒和安樂死的意見。在你創作自己的價值觀列表時，請聚焦於那些具有重大意義，足以在多方面影響你的意見和行為的價值概念。

在寫下自身價值觀的過程中遭遇了困難嗎？我們或許可以提供兩個幫助。首先看看另一

個定義：價值觀就是我們所支持，也希望別人做到的「言行標準」（standards of conduct）。當我們期望自己選區的政治代表「說實話」時，我們等於在向他們和自己表明：「誠實」是我們最珍惜的價值觀。問問自己：你希望自己的朋友是哪種類型的人？你期待自己的孩子建立什麼樣的言行標準？回答這類問題應該可以協助你進一步了解價值觀的意義。

我們應該多加留意，對價值觀的認知如何與批判思考的社會性質產生關聯。即使要求自己用心傾聽那些價值觀與我們互異的聲音，但最能夠連結社會關係的價值觀仍是「相似性」。我們當中有些人視個人責任為非常重要的價值觀，這種人自然會去尋找另一群具有相同觀念的人為伍，譬如，相信「改善個人選擇能力」（improved personal choices）能解決大多數人類問題的人。許多最有價值的社會互動或學習經驗，都源於價值觀類似者之間的互相溝通；也因此，我們最大的挑戰，就是要求自己努力了解價值觀與我們互異者的推理方式。

當冒險、野心、自主、舒適、傑出、正義、理性、寬容與自發可謂是我們重要的價值觀，其他理性人士卻很有可能與我們產生價值觀衝突。人們往往傾向與只聽與自己價值觀類似的人的聲音。這種傾向需要我們積極自助，設法與之抗衡。

40

批判思考者的主要價值觀

本書旨在幫助各位成為批判思考者。身為批判思考者，你所追求的將是更好的結論、更好的信念和更好的決策。因此，如果能認識和欣賞批判思考者的主要價值觀，你將擁有一些心智力量，可以時時提醒自己，必須用心傾聽與你價值觀不同的人。接著，讓我們一起來檢視批判思考者應有哪些主要價值觀：

1. 自主：乍聽之下，你或許會認為，這項價值觀並不鼓勵你用心傾聽異議者的聲音。那麼，你使用什麼樣的材料來追求「自主」呢？當然，我們都希望材料來源越豐富越好；如果我們只和相同價值觀的人為伍，只注意這群人的意見，我們很可能會矮化、窄化自己，因而喪失最好的決策或方案。高效能的自主要求我們傾聽不同價值觀者怎麼說。如果民主黨員只聽其他民主黨員的話，往往會犯下大錯。

2. 好奇：若想善加利用淘金法，你就必須傾聽和閱讀，「真正地」傾聽和閱讀。其他人擁有推動你、讓你進步的力量，他們可以將你從部分偏頗的知識裡解放出來。想成為批判思考者，你必須對自己的所見所聞提出問題，而其他人的回答往往可以讓你更了解情況，甚至讓你聽到更深入的見解。這種情形正是本書所說的「其見解符

合良好推理的標準」。

3. 謙虛：「縱使全世界最聰明人，每週也要犯許多錯。」承認這一點，可以提供我們最理想的平台，積極與其他人交流。當然，有些人的見解就是比其他人來得深入且高明，但我們每個人能做的事情終究有限。當我們坦然面對自己時，才能真正體會蘇格拉底「我無知」這句話的真意。我們一旦接受這個事實，就比較可能體會，與別人相處的經驗可以填補一些「無知」的空隙。

4. 不論在任何情況下，都要接受好的推理：雖然我們總想尊重和聆聽其他聲音，但千萬記得：並非所有結論或意見都等價、值得我們敬重。隨著你更深入研讀這本書，你將習得一些批判性問題，提供你一個平台，協助過濾和挑選那些想影響你的專家或人群。當你找到強而有力的推理時，無論作者或說話者的種族、年紀、財富或國籍，都應該緊緊抓住、遵行，直到有更好的另一組推理出現。

無論如何，根據你的信念來行動，你會表現得更有自信；但是，不要盲目緊抓著信念不放，總要留一點空間，不時自問：「我有沒有犯錯？」

有些意見是「你自己的」，你覺得有必要加以保護，我們可以理解這種心情。但請看看政治評論家史蒂芬・柯貝爾（Stephen Colbert）如何挖苦這種心態：「我從來不是真相的信徒。你也知道，真相是可以改變的，但我的意見從不改變，不管真相為何。」

42

讓對話持續下去．

由於批判思考是一種社會活動，當我們提出問題，詢問他人的信念和結論時，我們需要考慮他們可能的反應。與我們互動的人如果也擁有批判思考者的價值觀，就會認為我們是合作夥伴，問題問題純粹是為了替雙方共享的議題尋求更好的答案。但是，這種一起成長的可貴機會，並不是你唯一會遭遇的互動狀況。

許多人不喜歡自己的想法受到質疑，通常的反應是將提問看成找麻煩和不友善的行為。

有些人甚至會質疑：「為什麼他一直丟出這些挑戰性的問題？為什麼他不乾脆一點，直接接受我的意見？」如果有人面對你的問題，回以：「你為什麼這麼尖酸刻薄？」也請別驚訝。

許多人就是不習慣一再被追問，也無法體會為什麼有人那麼想弄清楚堅持某種觀點的理由。

以培養批判思考為目的，論述（argument）應該採取完全不同的做法和態度。我們應該視論述為一項機制，在這裡，我們可以施肥和修剪自己目前的結論；我們應該以不同的態度來運用辯論這項機制。論述應該定義為兩種陳述的組合──結論和支持它的理由。簡而言之，理由和結論的合作關係，就是一個人所持的觀點（簡稱為「論述」）。論述就是我們提出來供大家參考的東西，因為我們在乎人們的生活方式和信念的內容。我們能持續進步，取決於有人關心我們的福祉，願意提出自己的論述和評估我們所做成的論述。唯有在這種情況

下，我們才能將自己培養為思慮周全的人。

最重要的是，在你運用批判思考時，要讓其他人清楚感受到你是來學習的；更進一步，要讓所有人知道你永遠祝福他們。倘若你與他們有任何不同意見，無論此異議有多麼嚴重和重要，你都不希望引發唇槍舌戰。以下提供一些談話技巧，或許可以用來讓對話順利進行：

1. 設法澄清你了解對方，問法可以是：「你說的是＿＿＿＿＿＿？請問我聽到的是否正確？」

2. 請教對方，有無任何資料證據可能促使他改變心意。

3. 建議一段暫停時間，以供雙方針對你所堅持的結論，搜尋最佳證據。

4. 請教對方為什麼認為你所提出的證據不夠有力。

5. 設法合作。假如你採用對方的最佳理由來補強自己的最佳推理，能否導出雙方都可以接受的結論？

6. 尋找共同價值觀或其他共享的結論作為基礎，以便判斷雙方對話是從什麼地方開始出現差異。

7. 設法展現關心和平和的好奇心；討論的語調一有加溫趨勢，立即提醒自己：你是來學習的、不是來打仗的。

8. 確定你的面部表情和身體語言都很謙虛，而不是擺出無所不知的高姿態。

建立適合溝通的環境

作者與說話者都需要面對一個抉擇：你必須決定想為閱聽大眾建立什麼樣的環境。你想看到對反對者充滿敵意的社會嗎？在如今高度分化的社會氛圍中，容易讓人產生消滅不同意見的衝動。且看美國選舉慣用的伎倆——《每日秀》（Daily Show）前主持人史都華（Jon Stewart）滿口嘲諷地說：「我不同意你說的話，因為我知道你百分之百不是希特勒。」

史都華這句話傳達出一種精神，想要創造何種溝通環境，由我們自己決定。在那個環境中理性人上都能有效溝通、尊敬彼此意見並互相反駁，亦即歡迎討論與提問。我們當然都會喜歡這樣的世界，但打開天窗說亮話吧：為了排斥、甚至打敗批判思考者而書寫，是不是也很吸引人？

首先，面對難以回答的問題，直接否定比較簡單，省得花時間思考如何回應。再者，語氣務必像個權威人士，讓對方不敢挑戰你的專業判斷。更別提用在寫作時會有多有趣。相信大家都看過電影、書籍、專輯或電玩的毒舌評論？

接著來看二〇〇九年賣座大片《變形金剛：復仇之戰》（Transformers: Revenge of the Fallen）的一則評論，觀察美國知名影評羅傑・伊波特（Roger Ebert）的語氣與用字…

不想浪費錢買票的人，可以進廚房去，找一群男性唱詩班成員來唱地獄之音，叫你家小孩敲打鍋碗瓢盆，然後閉上眼睛開始發揮想像力。

做出上述意見的人，實在應該冷靜下來並反求諸己。請試著說服這種人吧。

進入本章尾聲之前，希望我們有清楚傳達這點：可以簡單、快速回答一切複雜問題的烏托邦並不存在。事實恰好相反。我們一直遭受各種攻擊，總有人想說服我們該相信什麼、該做什麼決定以及如何生活。想抵抗這種狡猾難纏、又很會說話的人，批判思考是最佳的防禦工具。

請牢記：批判思考本來就是一套專門的方法，用來回應他人的書寫或話語。

身為批判思考者，一定都希望能審慎而不偏頗地提出任何看法或論述。一旦需要說服他人贊同自身看法時，批判思考者可不想隨便交出一篇胡說八道、邏輯不通的文章，或者比誰大聲地咆哮出未經驗證的看法。批判思考者也不想只是從善如流、重複他人的論述，無論對方的論點有多傑出。

接著來看本章提過的兩種不同策略，可用來增加批判思考寫作與說話的效果：

一、說話或寫作時，能掌握「語氣」（tone）、並妥善運用。

二、避免一味依賴專家。

若能好好運用上述方法，就能有效提升他人願意聽我們說話的機率，同

時也能激勵我們發展自我觀點與意見。

「語氣」是說寫時吸引閱聽大眾的關鍵。如果語氣具攻擊性、不能容忍異己、動不動就批評人，很容易讓別人對你敬而遠之、造成分化。不過，語氣也能搭起我們與聽者之間的溝通網，藉由深思熟慮、合情合理的論理過程，使對方主動向我們靠攏。面對自身信念，人們總是容易激動且熱情以對，亟欲與大眾分享，結果反而讓他人避之唯恐不及。譬如，還記得伊波特在《變形金剛：復仇之戰》影評中將電影比喻為地獄唱詩班吧？顯然，這種有力的視覺語言成功促進了影評的點閱率與討論度，卻也阻絕了欣賞（且尊敬）認真、平衡觀點的讀者。

說寫風格與方式，大幅影響並決定了他人怎麼「聽」我們。如果伊波特這麼說：「喜歡電影充滿衝突、刺激、喧鬧場面的人，《變形金剛：復仇之戰》是你的最佳選擇。」相較於先前的影評，我們對於這句話的反應是否會有所不同？同樣地，在比較重要且嚴肅的論述中，我們對於這句話的反應是否會多元觀點與價值觀，提出具建設性的針砭與批評。

撰文或口頭表示某人是「無知笨蛋」，這種語氣往往令人倒盡胃口，甚至會讓讀者或觀眾視若無睹、充耳不聞，尤其是持相反看法的人。只要我們開始指名道姓謾罵，就會降低自身主張或訴求的水準，和吼得最大聲、罵得

最難聽的人就能獲勝的「校園大吼大叫比賽」沒什麼兩樣。我們應用強義批判思考的語言來提出意見或看法，這麼一來，其他人會願意「傾聽」我們想說什麼。試想，若是沒有半個觀眾或讀者，說話或寫作又有什麼意義呢？

語氣能透露出說話者或作者無法容忍與自己不同的觀點，卻不能展現出說者或作者為了問對問題、全盤思索過所有結論，且妥善利用這些問題來檢視自身信念有無差錯。因此，請以二十世紀最知名物理學家理察‧費曼（Richard Feynman）所言來提醒自己：科學家有新的想法時，率先採取的步驟並不是外出找證據來佐證自身想法為真，而是先自我檢視有沒有哪一步走錯了。

不論寫作或演說，想符合強義批判思考方式有個好方法，就是先提出完整的主張或論述來反對另一主張（反論述）的內容，再來發展主旨（thesis）。舉例來說，全心支持日曬機的人，必須先蒐集、了解其他持不同觀點的人怎麼想，再來發展自身為何支持的論述。這麼一來，不同意我們的讀者或觀眾都會正襟危坐且全神貫注，心想：「這個人一定站在我的立場想過，他的話或許值得一聽。」

想在說寫時使用批判思考技巧的另一個步驟是，先融合專家意見，再用自己的話說出來。人們「依賴」專家的理由五花八門，包括缺乏自信、怕出

錯、懶得動腦、甚至是單純的無知。人們會努力記住並引用他人的名言，卻不願花心思去了解自己的意見、清楚發聲。試想，你是否太常因別人的文章或發言太厲害而驚豔不已，心想「這就是我想說的！」並在自己的作品引用轉載。又或者，和他人爭論時，你有沒有發現自己常將別人的觀點當成自己的說出來？這麼做很容易，而且效果很好。但請務必謹記，當個現學現賣的學人精雖然輕鬆，卻不是稱職批判思考者應有的表現。

那麼，我們要怎麼避免在說話或寫作時一味依賴專家呢？發現自己一再引用專家意見或改寫轉述他人看法時，請停下來思考並自問：「我自己的想法和理由是什麼？」引用與改寫在論理過程中占有一席之地，但僅限於支持自身主張時使用。比方說，看過伊波特的影評後，我們或許會忍不住在發言時提到：「《變形金剛：復仇之戰》是史上最爛的電影。」也可能想引用伊波特的話來佐證——那個「地獄唱詩班」的比喻太妙了。

然而現在先將伊波特放一邊，問自己這個問題：「我不喜歡《變形金剛：復仇之戰》的哪些地方？」答案可能是男主角馬克・華伯格（Mark Wahalberg）始終如一的演技很爛、沒完沒了的動作場面，或是了無新意的對話。我們想要的是，在說寫時發展自我觀點，並把伊波特當成巧妙的助攻。身為批判思考者，不僅能磨練本身積極讀者或觀眾的技巧，還能逐一通

過令人興奮的關卡，邁向成為積極發言者或作者的那一刻。

融合他人觀點並用於自身立場、謹慎思考要使用何種語氣，都有助於在寫作或思考時發揮思辨能力。兩者都能兼顧的話，可大幅提升「被他人聽見、注意」的可能性，同時開啟優質的討論管道，讓我們有機會學到更多、探索與論證能力更上一層樓，還能訴求保持對話而非終止討論。

2 CHAPTER

議題和結論是什麼?

本章學習目標

1 認識議題的類型,並分辨眼前議題屬於哪一類

2 找出議題與結論

3 寫作時清楚區分議題與結論

在我們評估某人的推理之前，必須先找到推理才行。聽起來好像很簡單，事實不然。要當個批判思考者，第一步必須練習的是確認議題和結論。將議題視為問題來引發討論，結論則是作者基於對問題的重視而採取的立場。請嘗試找出以下這段文字的議題與結論：

手機雖然有種種便利之處，使用上卻也有十分嚴重的缺點。為降低開車時傳訊息導致的意外事故，美國某些州已意識到用高額罰鍰來遏止違規使用手機的重要性。我們需要更有效的處罰，以應對不當使用手機日漸普遍的情況。

評論手機的這個人，非常希望你相信某件事。但「某件事」是什麼？我們又為什麼應該相信這件事？

依此類推，建立網頁、部落格或拍片、寫社論、著書、在雜誌上撰文、發表演說的人，都想改變你的認知或信念。如果你想以合乎理性的態度回應，就必須先確認爭議點或議題（issue），以及試圖說服你的結論。不這麼做的話，你的回應可能會被曲解。

在你完成本章之後，應該可以成功回答我們所要教授的第一道批判性問題：

Q 批判性問題：議題和結論是什麼？

議題的種類 ●

先談談兩大類經常碰到的議題，對讀者們應該頗有幫助。下列問題為其中之一：

1　接受音樂訓練有助於學好數學嗎？
2　家暴最常見的原因是什麼？
3　百可舒（Paxil）是治療憂鬱症的特效藥嗎？

這些問題都有個共同點，那就是希望獲得描述這個世界過去、現在、將來是什麼樣子的答案。例如，前兩個問題的答案可能是「大致上，受過音樂訓練的孩童，數學學得比一般孩子好」以及「長期喝酒是釀成家暴最常見的原因」。這類議題稱為描述性議題（descriptive issues），常見於教科書、雜誌、網際網路、電視，反映我們對世界的樣貌或秩序的好奇心。

Attention!

描述性議題是在探討和過去、現在、未來有關的描述是否準確。

再來看第二種類型的問題：

1 公立學校應該教授智慧設計（intelligent design）嗎？
2 我們應當做什麼事來防制醫療補助詐欺（Medicaid Fraud）？
3 我們必須禁止多功能休旅車（SUVS），或者面臨氣喘患者增加的趨勢？

這些問題都希望獲得指出世界該是什麼樣貌的回應。比方說，前兩個問題的答案可能

56

是：「公立學校應該教授智慧設計」，以及「醫療補助欺詐應當重罰」。這些議題和倫理道德有關，提出的問題涉及是非對錯、美醜好壞，希望得到指引方向的答案；因此，我們稱之為指示性議題（prescriptive issues）。社會爭論往往屬於指示性議題。

以上所述有些過於簡化，有時很難判斷討論的議題屬於哪一類。不過，把這個分法記在心上還是有幫助，因為你最後所做的批判性評估，將取決於你所回應的議題類型。

尋找議題 ●

我們如何確定基本的問題或議題是什麼？有時非常簡單，因為作者或說話者會告訴你。

有時，議題可以在內文找到，甚至在開頭就提及，或以標題點出議題為何。明示議題時，會以下述措辭表示：

1　我要提出的問題是：為什麼必須立法規範香菸產品？

2　降低法定飲酒年齡：這麼做對嗎？

3　學校應該安排性教育課程嗎？

遺憾的是，問題不見得每次都一目瞭然，而是必須由溝通內容的其他線索推敲。比方說，許多作者或說話者會就他們當前關切的事件抒發己見。提問「作者究竟對什麼事有感而發？」往往可以找出溝通內容的核心議題。另一個好線索是去了解作者的背景，例如他屬於哪個組織。因此，在你試著確定議題是什麼的時候，不妨查查作者的背景資訊。確認議題時，千萬不要以為只有一種正確的敘述方式。一旦你找到整篇文章或整場演說所談的某個問題，並且能指出那個問題和文章或演說的關係，你就找到議題了。務必確認你找到的「議題」，符合上述的定義標準。

若議題沒有明示時，最有把握的方法就是確定結論是什麼。多數情況下，你必須先找到結論，才有辦法確定議題。依此條件，批判性評估的第一步就是找結論，而這往往是相當困難的一步。

在我們找到結論之前，無法進行批判性評估。

58

接著，就讓我們一起來尋找這個非常重要的結構性因素。

Attention!
結論是指說話者或作者希望你接納的訊息。

尋找作者或說話者的結論 ●

要確定結論，批判思考者必須問：「作者或說話者想證明什麼？」或「訊息傳播者的要旨是什麼？」這兩個問題的答案，就是結論。進一步說，能夠回答說話者或作者所提問題的任何答案，便是結論。

尋找結論時，目標是作者或說話者希望你相信的一句或一組陳述。作者或說話者希望你根據他們的其他陳述，相信他們所作的結論。簡言之，說服性的溝通或論述，基本結構是「由於那樣，所以這樣」。「這樣」指的是結論，「那樣」指的是支持結論的陳述。這個結構就是推論（inference）的過程。

結論是一種推理（reasoning）的過程，需要其他觀念支持。因此，當某人宣稱某件事情是真的，或者應該去做，卻沒有提出支持那種說法的陳述，那麼他宣稱的事就不算結論，因為並沒有什麼陳述可作為產生信念的基礎。相對的，沒有得到任何陳述支持的主張，我們就稱為「意見表述」。

了解結論的特質，是培養批判性閱讀和傾聽習慣不可或缺的一步。讓我們一起更深入探討結論和推論的過程。以下是一段簡短的文字，請嘗試找出結論、以及支持結論的陳述。

基因改造食品不該合法化。我們還不清楚人類攝取科學家做出來的這類化學食品，對健康有何影響。

關於「基因改造食品該不該合法化？」這個問題，「基改食品不該合法」是作者的回答、也是結論。作者提出警告來支持其信念（也是結論）：「由化學家改造而成的食品可能危害健康」。

你看得出來，為何作者所支持的信念並非結論嗎？因為它被用來證明另一件事，因此不是結論。請務必記住：相信某項陳述（結論），是因為你認為其他的信念為陳述提供很好的支持，這個過程稱為推論。一個人如果進行這個程序，就叫推理，結論是推理的結果。有些時候，訊息傳播者不會明白地做出結論，在這種情況下，你必須從作者用來證明的一組觀念

中，把結論推理出來。

使用這個批判性問題

一旦你發現了結論，務必將它當作評估時的焦點。這是作者或說話者希望你選擇的終點。你必須繼續提問：我應該根據支持性的論述，接受這個結論嗎？

蛛絲馬跡找結論 ●

有許多線索可以幫助你確認結論。

線索一：詢問議題為何

結論總是應議題而生，如果你知道議題，有助於找到結論。前面曾經談過如何確認議題，首先，看標題；其次，看最前面幾段。如果這個方法不管用，就必須繼續往下瀏覽。

線索二：看提示字詞

結論之前常常會有一些特定的提示字詞，用以預告結論呼之欲出。看到這些提示字詞，就要特別留意了。這些詞彙告訴你，隨之而來的就是結論：

● 這麼一來（consequently）

● 意指（suggest that）

● 所以說（therefore）

● 所以（thus）

● 我想說的要點是（the point I'm trying to make is）

● 接下來就是（it follows that）

● 顯示（shows that）

● 證明（proves that）

● 指出（indicates that）

● 事實真相是（the truth of the matter is）

遺憾的是，許多文字和口語溝通並沒有用提示字詞帶出結論。但是在你為文時，請務必以提示字詞吸引讀者注意你的論點。這些詞彙就好像霓虹燈飾，可以引來讀者的目光，放在

你希望他們接受的論點上。

線索三：尋找結論可能出現的地方

結論通常寫在某些特定的地方。你可以先找找文章的開頭和結尾。許多作者開門見山地把他們的目的講清楚，裡面含有他們想要證明的結論。也有不少作者是在文末彙整結論。閱讀複雜的長文，卻不知道它想說什麼的時候，不妨直接跳到文末。

線索四：記住哪些內容不算結論

以下的內容不是結論：例證、統計數字、定義、背景資訊、證據。

線索五：了解溝通內容的前因後果和作者的背景。

作者、講者、網站對於某些議題採取的立場，往往是可預料的。若沒有明示結論，了解資料來源可能的偏見和作者的背景，是格外寶貴的線索。不妨特別留意和作者或說話者可能有關的組織。

Q 批判性問題：什麼是議題和結論？

請在以下各篇短文中，找出議題和結論。尋找議題和結論時，務必留意有哪些提示字詞。請注意：我們在短文1的示範回答裡使用了自問自答的解題模式，我們已透過有聲思考法親自演練過，希望能讓你未來在處理批判性問題時，更加輕鬆愉快。針對短文2，我們提供了比較精簡的示範回答。至於練習題3，我們就不提供答案，請自行找出短文裡的議題和結論。

短文1

如果父母之一能夠全心投入，並且擁有深入的見解、相關知識和耐心，在家自學是絕對可行的觀念。可惜事實真相是，許多父母選擇在自己家裡教育兒女，是做了錯誤的抉擇。

父母常常因為錯誤的原因而選擇讓子女從公立學校退學。有時只是因為孩子犯了校規，父母就選擇退學、而不是接受校規的相關處罰。這種動機實在很難自圓其說，更何況還要作為「在家自學」的理由！另外，「在家自學」往往缺乏其他成年人的監督，假如發生家暴，也很可能不會有人注意

64

到。我們的社會應該多關心這些兒童是否得到妥善的教育和照顧。

短文 2

社群媒體自二十一世紀之初興起以來，普及程度日漸增加。由於廣受歡迎，也擁有許多兒童及青少年使用者。研究指出，過度依賴社群媒體，可能導致學習懈怠、成績下滑。社群媒體也被認為與注意力不足過動症（ADHD）等失調症狀，以及成績下滑的風險。此外，學童和他人面對面互動的時間因社群媒體而減少。缺乏互動，阻礙了學童發展對未來不可或缺的溝通能力及人際關係；缺乏當面溝通，也被視為網路霸凌的成因，帶來更進一步的問題。犯罪者亦可利用社群媒體，對毫無戒心的年輕人下手。兒童若減少接觸社群媒體，這些問題大多是可避免的。家長應採取行動，控管家中孩童的使用。

短文 3

我們該讓孩子玩暴力電玩嗎？暴力電玩似乎會助長孩童在現實生活中的暴力傾向。電玩對玩家在遊戲中的暴力行徑給予分數和獎勵，藉此制約玩家，使其參與虛擬的暴力行為；另一方面，玩家則受到制約，行使暴力獲得

的分數、獎勵產生了快樂與成就感，因此將快樂與暴力連結。孩童若是長時間接觸暴力電玩，這種條件制約將可能滲入真實生活，影響其行為舉止。研究指出，電玩遊戲使兒童玩家對暴力變得麻木，讓他們不去抗拒、避免真實生活中的暴力行為。

短文1

- 有時候議題題很容易找到，因為它清楚地列在論述當中。然而這一篇文章並未明白點出議題，因為作者不曾提及引發辯論的問題。下一個動作應該是找出結論，因為這樣做會比較容易找到議題。本書告訴我們：文章內未明白提及議題時，最保險的方法就是先找結論。

- 尋找提示字詞可能有助於找到結論。本書所列的提示字詞包含「事實真相是」這個片語，而它就出現這篇短文內。它的後方緊接著「許多父母選擇在自己家裡教育兒女，是做了錯誤的抉擇」，這句話的確有可能是結論。尋求結論的另一個方法，是仔細研讀開頭和結尾的句子。而這句話就出現在開頭的第一段文字內。

- 本書也提供了一張「論述元素」檢核表，列出不屬於結論的元素。我應該查對一下，以便確定「許多父母選擇在自己家裡教育兒女，是做了錯誤的抉擇」這句話，不是統計數字、例證、定義、背景資訊或其他證據。經過查核，的確不是。

- 此刻，我幾乎已經可能確定「許多父母選擇在自己家裡教育兒女，是做了錯誤的抉擇」就是結論，因為有提示字詞的暗示，字句出現的位置也加強了這種想法；同時，這個句子也不在檢核表的範圍內。

．此刻，我需要理解是什麼樣的問題引發討論或形成議題。如果結論是「許多父母選擇在自己家裡教育兒女，是做了錯誤的抉擇」，那麼，引發討論的議題應該是「在家教育自己的兒女是值得的嗎？」這個議題可以從結論推導出來，且短文內接下來的所有句子都在討論「在家自學」的可能問題。

．在我做出決定前，我還想分析一下這個議題究竟是「指示性」或「描述性」議題。為了這麼做，我需要問自己：作者是在描述一種情況、或提示其立場，判斷某事的是非對錯、值不值得、美醜好壞？作者提出了一些「在家自學」的問題，並建議社會應該去了解「這些兒童是否得到妥善的教育和照顧」。這些聲明一再質疑「在家自學」這種情況是否是好的、值得的。因此，這個議題屬於「指示性」議題。

短文 2

在這篇短文裡，找不到引導結論的提示字詞。但文章的開頭或結尾是尋找結論的最佳位置，亦即，結論可能是「社群媒體自二十一世紀之初興起以來，普及程度日漸增加」，或「家長應採取行動，控管家中孩童的使用」兩者之一嗎？讓我們進一步拆解，以找出真正的結論。

開頭兩句，作者主張社群媒體普及程度日增，尤其受到兒童及青少年族群歡迎，並提出例證，顯示社群媒體可能對年輕族群有害。接著，作者主張若孩童減少接觸社群媒體，則他所列出的種種傷害大多可以避免。作為結尾，作者指出，家長應限制家中孩童使用社群媒體。

你可以使用一種方法，也就是提問：「這個例證所要支持的是哪個敘述？」而此敘述則很可能就是結論。我們可以應用以上的問題，用「為什麼？」來連結可能的結論與例證。讓我們試著將文章開頭的敘述簡化，並使用此法：「社群媒體越來越受年輕人歡迎。」「為什麼？」「使用社群媒體可能對年輕族群有害。」這個結論似乎與例證不符。可知文章開頭的敘述，作用在於提供背景資訊。

那麼，結尾的敘述呢？「家長應該限制家中孩童使用社群媒體。」「為什麼？」「使用社群媒體可能對年輕族群有害。」例證支持了這個敘述。同時，請看倒數第二個敘述，此敘述亦呼應了結尾。作者主張，若孩童減少接觸社群媒體，則可免受其害。家長若限制家中孩童使用社群媒體，將可避免社群媒體帶來的問題。因此，家長應該限制家中孩童使用社群媒體。

文中的敘述，或多或少都支持了結尾的敘述，因此可歸結出：結尾即為結論。而議題則可簡單地由結論倒推出來。結論是，沒錯，家長應該限制家

中孩童使用社群媒體。議題則可能是「家長該限制家中孩童使用社群媒體嗎？」因其功能不在於告訴我們答案，而是針對家長是否該採取行動來提問，顯示此議題為指示性議題。

70

3

C H A P T E R

理由是什麼？

本章學習目標

1 清楚理由與證據在論述中扮演何種角色

2 分析論述的特性

3 知道理由與結論的不同之處

為什麼人會做出某種決定，或抱持某種意見？理由可以滿足我們想要一窺究竟的好奇心。請看以下敘述：

學生就學貸款可解釋為放款銀行的巨大利益。

被蜈蚣螫傷比蛇咬危險。

比起全球政治領袖集結起來的力量，音樂改變世界的力量更大。

這三句話都遺漏了某些東西。我們可能同意這種說法，也可能不同意，但是以目前的形式來看，既不弱也不強。這些話都沒有解釋為什麼我們應該同意。因此，如果我們聽到某人講了上述任何一句話，應該會想知道更多。

這些話都漏提了理由。理由（reason）是指一些信念、證據、譬喻、類比，以及其他的陳述，用以支持結論，或者說明得出結論的依憑。將理由的陳述合起來，即成為證明結論可信度的基礎。

第二章已告訴你如何找到論述中非常重要的兩個結構成分——議題和結論。本章的重點則是談談如何搜尋論述中的第三項要素——理由。第七、八章會著重於另一種用以支持強而有力結論的替代證據。這種支持有力論述的結構稱為「保證」（warrant），亦即理由與證據兩者結合的產物。

作者提出一個結論，希望你接受時，必須說明理由，說服你相信他是對的，並且告訴你為什麼。

理性的人會支持有合適證據的信念，尤其是當信念具有爭議時。比方說，當某人一口咬定，中國即將取代美國成為世界最強大的國家，這種看法肯定會引來質疑：「為什麼你這麼說？」這個人提出的理由可能振振有詞，也可能軟弱無力，但在你發問並找到理由之前，不會知道他的理由是強或弱。如果答案是「因為我這麼認為」，你應該對他的論述感到不滿意，因為他的「理由」只是把結論再說一遍。但如果他的答案是拿出兩個國家在國防和教育方面的支出，作為證據，在評估他的結論時，你就會列入考慮。務請記住：在找到理由之前，沒辦法斷定結論的價值。

理由和結論的結合就是我們第二章所定義的「論述」。有時候，論述是由單一理由和單一結論構成，但也常會出現同時提出幾個理由，以支持某個結論的情況。因此，當我們提到某個人的論述，也許是指單一的理由和相關的結論，或指全部的理由和其所要證明的結論。

Attention!

理由用以解釋為什麼我們應該相信某個結論，也是解釋時的依據。

Attention!

證據即事實依據，可展現理由的真實性。

我們注意到論述具有幾個特性：

● 具有意圖。提出論述的人，想要說服我們相信某些事情，或遵循某種方式行動；也就是說，他們希望得到回應。我們可以像海綿或淘金客，總之，必須有所反應。

● 品質良莠不齊。我們需要運用批判思考技巧，以確定某個論述的品質好壞程度。

● 具備兩個不可或缺的成分——結論和理由。找不到任一成分，就沒有機會去評估論述。我們無法評估找不到的東西。

● 最後的第三點值得加以解釋。急就章式的批判思考不具意義，在評估他人可能想表達的意思之前，先花點時間找出論述何在，對提出論述的人才公平。

74

開始發問 •

確認理由的第一步，是以質問的態度看待論述。你該問的第一個問題是「為什麼」。你已經找到結論，現在想知道那個結論為何有其道理。要是某項陳述沒有回答「為什麼作者或說話者相信那件事？」那麼它就不是理由。某項陳述（或者一組陳述）必須支持結論，才算是理由。讓我們嘗試將質問的態度用於下面這段文字。先找結論，並適時地問「為什麼」。請牢記尋找結論的指示。（結論的提示字詞畫線粗體表示。）

（1）大學教授敘薪應考量學生評鑑教師的分數嗎？

（2）教師接受了意見調查。

（3）許多教師表示學生並不清楚他們的教學方

有力論述的元素

理由與證據可以加強結論的效力 ⟶ 精確明晰的結論

（4）八○％的教師擔心，透過學生評鑑分數來決定教師薪資，會危及高等教育的品質。

（5）<u>因此</u>，學生評鑑分數不該作為決定教職員工薪資的標準。

接在「因此」之後的句子回答了（1）這個句子所提出來的問題。可知結論就是（5）這個陳述句。「……學生評鑑分數不該作為決定教職員工薪資的標準。」沒錯，這就是結論！

Attention!

論述是由結論和支持結論的理由構成。

我們接著問這個問題：「為什麼作者或說話者相信這個結論？」回答這個問題的陳述，就是理由。以本例來說，作者是以證據作為理由，句子（3）和（4）共同提出了證據；也就是說，這兩句合起來，就是支持結論的理由。因此我們可以把理由改寫如下：大多數教師認為，透過學生評鑑分數來決定教師薪資，會危及高等教育的品質。

式與理念。

現在，試著找出下段文字的理由。同樣的，先找出結論並標示成重點，然後問「為什麼」。

（1）胚胎的遺傳篩選（genetic screening）是不道德的行為。

（2）人類沒有權力扮演上帝，只因胚胎的性別不合期待、可能帶有缺陷，就扼殺已成形的生命。

（3）我育有兩個自閉兒，他們都很快樂。

（4）誰都無權認定新生兒未來的生活品質會深受遺傳缺陷影響。

在這段文字中，找不到預示結論的提示字詞，但是作者從道德的觀點，明顯反對胚胎的遺傳篩選。結論是：「胚胎的遺傳篩選是不道德的行為。」為什麼作者這麼主張？主要理由是「人類無權因個人偏好而扮演上帝，扼殺成形中的生命。」句子（3）和（4）進一步支持這個理由：說話者個人育有自閉兒的經驗很正面，顯示出人的生活品質不會深受遺傳缺陷影響。

要確定是否已經找到理由，最好的方法之一，就是把自己當成溝通者。站在對方的立場問自己：「為什麼我贊成自己支持的結論？」試著用你的話語，說明你認為溝通者會如何回答這個問題。如果你能用自己的話回答，表示你可能已經找到他的理由。在你確定溝通者的

推理結構時，無論你是否認為這些想法達到支持他的結論的觀念，都應該視為理由。在這個階段，你正在嘗試找出論述。因為你要公平對待做論述的人，所以採取寬容原則應屬合理。如果作者或說話者自認已提供支持自己結論的證據或邏輯，那麼，在進行批判思考時，我們至少應該考慮一下他的推理。稍後，我們將花更多時間來仔細評估推理。

切記！評估推理之前先慢下來。

確認理由的字詞 ●

和結論相同，有些字詞通常預示理由即將出現。請務必記住：推理的結構是「因為那樣，所以這樣」。「因為」一詞，以及和它同義、功能類似的字詞，往往預示理由呼之欲出。理由的提示字詞如下：

- 由於（as a result of）
- 因為事實顯示（because of the fact that）
- 由……支持（is supported by）

- 研究報告顯示（studies show that）
- 理由是（for the reason that）
- 因為證據是（because the evidence is）

分清理由和結論 ●

大部分推理都相當冗長，而且組織架構不佳。有時候，作者用一組理由支持某個結論，再用該結論作為主要理由，去支持另一個結論。也就是說，理由可能由另一些理由來支持。為了克服這個問題，不妨自己提出一套組織方法，以井然有序的形態，釐清推理結構。如果你有其他更好的技巧，請務必嘗試看看。我們已經提過許多技巧，供你用於釐清推理結構。

遇到特別複雜的論述，以批判性的方法去評估文章內容，往往很難記住結構。為了克服這個問題，不妨自己提出一套組織方法，以井然有序的形態，釐清推理結構。如果你有其他更好的技巧，請務必嘗試看看。我們

總之，在你準備評估之前，一定要先分清理由和結論之間的關係。

使用這個批判性問題

找到論點之後，在你進一步閱讀或傾聽時，必須一再回頭去看看那些理由。理由的品質

好壞，攸關論述之強弱。結論取決於這些理由是否講得頭頭是道。理由弱不禁風，推理也會軟弱無力。

先有理由，再有結論

第一章已籲請各位注意弱義批判思考的危險。在你注意到某種理由出現（或甚至興之所至而提），似乎是為了辯護先前持有的意見時，就要提高警覺，因為那可能是弱義批判思考的警訊。當某人急於將意見當作結論，和別人分享，但被問到理由為何，卻一臉茫然或惱羞成怒時，弱義批判思考是可能的原因。

管理式推理（managed reasoning）意指先決定好結論的論述。因此，所謂的理由與證據都經過精挑細選，以求發揮最大功用。這裡的功用，並不是為了確認真實性而提出的強有力保證，而是有助於讓閱聽人在心中自行腦補故事，逐漸信服你先設計好的結論。提到管理式推理，可以試著想像有個人抱持著堅不可摧的結論，前去賣場選購適合的理由與證據，增加並擴大願意分享他所偏好結論的目標客層。

辯護律師是幫助了解管理式推理的好例子。委託人走進法律事務所大門之後，律師隨即獲得客戶要求證明並達成的結論。一旦律師與委託人正式合作，律師的職責便是為委託人做出最有力且有利的辯護。與上述恰好相反的場景是，科學家對實驗結果或許有所謂的「預

80

感」，因而會採取某些措施與舉動，然而科學家最終做出的結論一定遵循此規則：理由與證據優先，結論次之。

在此考量之下，請做好自己的監督者。我們都知道人都有太快下結論的傾向。盡量避免「反向邏輯」（reverse logic）或「反向推理」（backward reasoning），亦即理由是依據事先選好的結論，後來才加上去的後見之明（afterthought）。最理想的狀況應該是，理由與證據是用來形塑與優化結論的工具。

管理式推理

我自有結論，現在需要
找理由來佐證。

不論書寫或說話，我們都需要藉由自己得出的結論來解決問題、評論議題。我們都樂見別人分享，或者至少能思考一下我們所提結論中蘊含的智慧。

下筆或發言之前，我們都想定義面對的問題或議題：我們要探討的究竟是什麼樣的問題？且為了回答該問題，我們都會提前做出一個暫時性結論。

聽起來很容易吧：找到問題並回答出來！不過讀到這裡的你，即使知道事實沒那麼簡單，應該也不會感到驚訝。

寫作與口說的「良好問題與結論」，應具備何種條件？

● 訊息清楚、可引發興趣的問題
● 目標明確的結論
● 透過可吸引大眾目光的理由與證據產生的結論
● 可解決問題的結論
● 讀者或觀眾容易找到的結論

許許多多學生、作者或說話者，花在釐清問題的時間都太少，而且都是咎由自取、怪不得別人。模糊不清、雜亂無章的結論，通常都是因為沒有認

清我們希望回答的問題是什麼。師長或上司要我們繳交的文字或口頭報告題目不是以問題呈現時，我們可以設法將之重新組織成一個提問。把議題想成是對你的提問，你就能朝目標集中火力，讓讀者或觀眾明瞭：促使你發聲的是一個特定的問題，如此而已。

假設我們收到這個指示：「請以〈你最愛的電玩〉為題寫一篇文章」，我們往往會針對某電玩去形容、分析、歸納並給予評價，結果讓讀者摸不著頭腦，難以掌握我們想說的重點。建議各位可以這麼做：將指示轉換成一個清楚明確的問題，例如「我最愛的《魔獸世界》（World of Warcraft）何以成為傑出的遊戲？」明確的提問，可引領我們做出明確的結論，並寫出更為聚焦、緊扣主題的文章。很多時候，我們之所以寫出模擬兩可、不知所云的文章，都是因為不了解欲表達的主題或議題。從清楚表達問題或議題開始，對於明確闡述結論很有幫助。

其次，議題本身必須能觸動讀者或觀眾的心弦。比方說，談到玩魔獸需要達到什麼級數才能復活，你可能興致盎然，讀者卻覺得興味索然（更別提沒玩魔獸的人對此提問根本狀況外！）作者的職責之一是，找出讀者感興趣的議題，或者想辦法包裝題目、達到足以吸引各種讀者的程度（這則更難）。

一旦決定結論之後，就要確認是否符合以下條件：聚焦、清楚表述、容易辨識。讀者或觀眾都要能輕鬆知道內容的「主旨」（thesis）（等同於「結論」）。我們在大學讀到的許多論文都隱含結論。不過，若是剛開始學習寫作或口語技巧的人，在絕大多數情況下最好能明確地表達結論。提示字詞（indicator words，可參第二章簡表）不僅是彰顯結論的好幫手，也有助於讓讀者找出理由與支持論點。許多學生腦中都很清楚自己想要傳達的結論，但對讀者或觀眾而言，作者或說話者往往沒將腦中的想法化為清楚好懂的文字或言語。因此，審稿很重要。請人看看你寫的文章或講稿，確認他們知不知道你想表達什麼論點、可否順利找到結論在哪裡。

最後，針對議（問）題的回應以及結論，請勿只是單純答覆你所提出的問題，最好能具備有力的理由與證據，足以支持你所提的結論。針對前述問題，或許可提出此結論：《魔獸世界》的玩家只要升到五到十級就能復活。

但現在，我們不能只顧個人意見，而是要增加理由與證據來說明我們為何有此感受。而且，理由或證據千萬不能出於「我喜歡」或「我很懂」。想受人信賴，就要拿出最有說服力的理據。

請記住，讀者或觀眾只能根據我們說寫的內容，來評估結論好壞或可不可信。旁人不可能知道我們思考的過程，即使有人問出我們到底想表達什

麼，也無從知道我們可能提供何種解釋。因此，務必打從一開始就清楚呈現支持的理由。那也是我們可以爭取讀者目光的唯一時機。

欲達「清楚明晰」需包含以下條件：：

一、提示字詞
二、仔細研究與目標明確的主題
三、清楚支持結論的理由
四、文章架構嚴謹

我們要怎麼整合上述條件、寫出完整的論述結構呢？

首先，先確認我們可以言之有物地討論某主題，也能保證該主題符合交辦作業的要求。想檢視我們是否有足夠的知識，可在開始之前先做點腦力激盪或自由書寫。此步驟有助於我們深入思考議題（問題）本身，而不只提出腦中浮現的原始想法而已。對於某主題有強烈的看法，不代表就能寫出好論述。請牢記於心，不論是一般論述或出色論述，有力的理由與證據都不可少。

接著，可以進行研究。事實上，筆者對於語意強烈的字詞一向小心，但

在此處使用頗為適合，因此我們要呼籲的是：「必須」進行研究。一旦找到好的議題也決定了結論，就該仔細檢視所有的證據與支持論點。自認知識完備、可以跳過研究步驟，當然令人心動，但很少人是書寫主題的專家。再說，根據許多實際案例看來，我們對某個主題的想法都不是經過推理而來。

因此，只要找不到有力的理由，或者找到的理由很薄弱、引自某個默默無名的部落格等，意味著我們得回到議題本身，另行發展出一個不同的結論。

確定好議題並找到可支持結論的強大理由之後，接著就是建立組織良好的架構──可讓讀者確實得知結論，也能充分發揮理由的功能。切記，論文主要是由支持結論的理由與證據所構成。論述中如果缺乏強大的理由支撐、組織結構沒有邏輯，不但發展文章或講稿的過程困難重重，也無法獲得讀者或觀眾的認同。

建立論文或講稿架構的方法很多，以下舉出對你有幫助的基本規則：

一、在引言（首段）透過提示字詞來帶出主旨（thesis），並在文章的結論（末段）重申主旨，用字稍微重複亦可。

二、確認針對每個理由都能答出「為什麼」。切記，先前提過讀者都該問自己這個問題：「為什麼作者或說話者會相信○○？」當你是作

者或說話者，就能提出關於作品的疑問：「我為什麼相信我的主旨？」無法回答此問題的理由應當棄而不用，或是針對不佳的理由進行加強改善。

三、以提示字詞來導出理由與證據（參見七八頁）。

好好思考論述的骨架：議題、結論與理由。骨架越強，論述越佳。

Q 批判性問題：理由是什麼？

請先看過各篇短文，把結論標示出來，然後問「為什麼」，並且確定理由在哪裡。利用提示字詞幫助你分清結論和理由，並設法用你自己的話來重寫理由。這樣做可以幫助你更清楚了解它們的意思和功能。

短文 1

暢銷女性雜誌導致社會對女性外貌產生不切實際的期待。幾乎所有登上雜誌封面的照片都經過後製，調整燈光和身體比例，使照片中的女性看起來更有魅力。研究指出，女性若想效法雜誌封面所呈現的某些身體特徵，只是徒勞無功，因為這些特徵皆由電腦加工而成。我們在雜誌封面所見，並非貨真價實的美麗女性，而是人工美女。

短文 2

由於取得大學學位所需的費用節節高漲，是否該進入大學就讀也引發爭論。讀大學值不值得？取得學位仍有其優勢。

首先，越來越多工作要求應徵者具備大學學歷。這不僅代表沒有大學文憑將限縮個人的就業選擇，也代表條件符合的應徵者，在雇主篩選時，將被列為優先考慮人選。

再者，要求大學文憑的工作，薪資也往往高於平均。和僅有高中學歷相比，所獲報酬更能提升生活水準，也有助於減輕就讀大學的花費所造成的壓力。顯然，進入大學是能保障未來的好選擇。

短文 3

各地中學的週五晚上幾乎都排滿了男子籃球和橄欖球比賽。這種現象正常嗎？不該改變嗎？沒錯，這些活動是中學生活裡很有意義的經驗，但是犧牲了其他球類活動的權益，似乎說不太過去。不能因為這是傳統，就永遠這樣進行下去。

星期五晚上對大多數父母和球迷都比較方便，也因此，他們都會來看男子籃球和橄欖球比賽。可是女生組的籃球賽和游泳比賽呢？這些比賽不該永遠排在週一到週四的下午和晚上。因為大多數的家人下午時間都在工作，所以很難抽空來看球賽，導致參與這類「二等」運動的學生得不到更多人的矚

目，這豈不是另外一種不公平待遇？球賽排程應該做一些改變，以便容納這些「其他」的運動比賽了。

短文 1

議題：女性雜誌會導致社會對女性外貌產生不切實際的期待嗎？

結論：是的，會。

理由：

a. 登上雜誌封面的女性照片都經過後製，調整燈光和身體比例，使照片中的女性看起來更有魅力。

b. 女性若想效法雜誌封面所呈現的某些身體特徵，只是徒勞無功，因為這些特徵都由電腦加工而成。

記住：我們要找的是結論的支持系統。

我們要自問：為什麼這個人聲稱「女性雜誌會導致社會對女性外貌產生不切實際的期待」？其結論獲得兩個理由支持：其一，作者主張雜誌封面的女性照片都經過後製，調整燈光和身體比例；其二，女性若想效法這些經由電腦美化的身體特徵，只是徒勞無功。分析以上支持結論的理由，可知「研究指出」為指示字詞。

短文 2

議題：是否仍應進入大學就讀？

結論：是的，應該讀大學。

理由：大學學歷有助於保障就業。

支持理由：

a. 越來越多工作要求應徵者具備大學學歷。符合條件者將從應徵者中脫穎而出。

b. 要求大學文憑的工作，薪資也往往較高。

1. 更高的報酬能提升生活水準。

2. 更高的報酬有助於減輕就讀大學的花費所造成的壓力。

為什麼作者主張應進入大學就讀？這個問題的答案，就是作者的理由。

第一個理由受到文中的主張支持，亦即「越來越多工作要求應徵者具備大學學歷」，並以此闡明「大學文憑有助於找到工作」。「再者」是這裡的提示字詞，將我們的注意力引向第二個理由。請注意：我們在一定程度內設法用自己的話來改寫這些重大理由。或許你已發覺，理由越長或越複雜，改寫的功用就越大，讓你能更精準掌握理由的內涵。

4 CHAPTER

如何分辨曖昧不明的語言？

本章學習目標

1　認知大多數文字和語言都具有多重意涵

2　提供具體例子，說明論述「背後的意涵」比批判評斷更為重要

3　為什麼一定要消除曖昧不明？示範說明之

本書第二章與第三章，旨在幫助你確認任何訊息的基本結構要素。此時此刻，如果你能找到作者或說話者的結論和理由，就表示你正快速邁向最後的目標：形成你自己的理性決定。接下來，就是把這幅畫面結構調整得更清晰。

雖然確認結論和理由，能讓你看清基本結構，但你還是需要檢視這些部分的真正意義（meaning），才能對作者或說話者所提的觀念，產生適當的反應。現在，你必須花更多精神，注意遣詞用字的細節。

確認關鍵字詞或措辭的真正意義，是決定要不要同意某人意見的基本步驟。如果沒有探討重要語彙和措辭的意義，很可能因此弄錯作者的真正意見，產生牛頭不對馬嘴的反應。以下將說明，為什麼了解溝通者遣詞用字的意義那麼重要。

近來一份大學教練的數據紀錄顯示，經驗越豐富的教練，校隊比賽獲勝的機率越高。教練們多年的棒球經驗，顯然變成帶隊知識，引領球隊邁向成功。

作者所述的是哪種經驗，在我們獲得更多資訊之前，實在很難對這段論述發表什麼感想。是指多年打棒球經驗嗎？這名教練帶隊參加過多少比賽？參加賽事的層級為何、有多久經驗？在我們對作者所提的「經驗」造就多少勝仗有更多的認識之前，無法發表任何想法或評論。

這個例子說明了一個要點：除非你了解重要語彙和措辭的意義（明示或暗示），否則無法對某項論述有所反應。如何解釋這些語彙或措辭，往往影響推理的可接受度。因此，在你能夠決定接受某項結論或另一項結論的程度之前，必須先發掘結論和理由的確切意義。雖然它們的意義乍看之下似乎再明確不過，但事實往往並非如此。發掘和釐清意義，需要運用我們的意識、按部就班去做。本章建議了一套流程，將重點聚焦於下列問題。

Q 批判性問題：哪些字詞與措辭混淆不清？

彈性容易產生混淆 ●

我們所用的語言相當複雜。如果一個字只有一種大家都同意的意義，就比較有可能取得有效的溝通，但是大部分的字詞都有一種以上的意義。

以自由（freedom）、下流（obscenity）、快樂（happiness）等字詞的多種意義來說，

這麼多的意義，在確定某項論述的價值時，可能製造嚴重的問題。比方說，某人主張某份雜誌因為內容太過下流而不應該出刊時，除非你了解作者所說的「下流」是什麼意思，否則無法評估論述的對錯。這段簡短的論述，很容易找到結論和支持理由，但是推理的品質難以論斷，因為作者含糊不清地用了下流一詞。因此，就算你能確定別人所說話語的基本結構，還是必須絞盡腦汁，去思考那個結構中若干字詞的意義。

提醒你：我們經常誤解所見所聞的含義，因為我們以為字詞的意義一目瞭然。在你讀和聽的時候，務必要找出曖昧不明的字詞；如果不這麼做，你可能根本不曉得對方在說什麼。字詞或措辭在我們檢視的論述中，意義模稜兩可、難以確定時，就需要進一步釐清，才能判斷推理是否妥當。

遣詞用字含糊不清，不見得有任何不公平或不當的意圖。事實上，許多文件，譬如憲法，就故意留下一些模糊的空間，以利文件與時俱進，容許某些關鍵字詞意思之改變。的確，就因為我們仰賴文字來傳達自己的意思，所以「含糊不清」在所難免。但論述不能也務必避免「含糊不清」。當某人設法說服我們相信或做某事時，這個人就有責任澄清任何可能的模糊處，如此，我們才能考慮其推理的價值。

96

確定關鍵語彙和措辭的位置 ●

要找出究竟是哪些語彙或措辭曖昧不明的第一步，是利用內文所述的議題為線索，去尋找可能的關鍵詞彙。關鍵語彙或措辭，是指在議題的情境脈絡中，有一個以上合理意義的詞彙，也就是說，你必須先釐清這些詞彙的意義，才能決定是否同意溝通者的結論。我們來談兩個被廣泛討論的議題：

一、高收入者比較快樂嗎？
二、實境節目打造出來的生活，是否會誤導大眾？

Attention!
曖昧不明是指字詞或措辭有多種可能的意義存在。

以上每個議題的作者或說話者都必須先釐清某些措辭之後，你才能評估他們對議題發表的言論。下列措辭的意思都有可能含糊不清：「高收入」、「快樂」、「誤導大眾」等。因

此，在你閱讀針對這些議題發表的文章時，必須非常注意作者如何定義那些詞彙。

確定哪些語彙或措辭曖昧不明的下一步，是找出哪些字詞或措辭，對作者下結論的理由十分重要，也就是說，務必找出推理結構中的「關鍵」詞彙。一旦找到這些詞彙，就可以確定其意義是否曖昧不明。尋找關鍵語彙和措辭時，要把尋找的理由放在心上。因為有人想要你接受某個結論，因此，只要找到會影響你是否接受結論的語彙或措辭就可以。請在理由和結論中找。凡是不在基本推理結構中的語彙和措辭，就可以排除。另一個尋找關鍵語彙和措辭的實用建議，就是把下述原則牢記在心：越是抽象的字詞或措辭，越有可能出現多種解釋，因此需要作者給予清楚的定義。

為了避免在此所使用的抽象（abstract）一詞語義不明，我們將之定義為：一個詞彙指涉的狀況越是不特別、不明確，就越抽象。因此，平等（equality）、責任（responsibility）、色情照片（pornography）、侵略（aggression）等字詞，和「平等取得生活必需品」、「直接造成某種事件」、「呈現男性和女性生殖器官的照片」、「故意傷害他人身體」等措辭比起來，顯得抽象許多。後面這些措辭提供較為具體的畫面，意思比較清楚明白。

你也可以用角色互換（reverse role-playing）的方式，確認曖昧不明的重要措辭。也就是問自己：如果你抱持和作者相反的立場，是否可以用不同的方式去詮釋某些語彙或措辭？如果你真的可以這麼做，就找到可能曖昧不明的詞彙。比方說，愛看狗狗娛樂節目的人，對於

98

「虐待動物」的定義，與將那類節目視為囹圄動物權益的人大不相同。

檢查曖昧不明之處 ●

你已經知道如何尋找曖昧不明的語彙或措辭。接下來，是專心思考每個語彙或措辭，並問自己：「我了解它的意思嗎？」回答這個非常重要的問題時，你必須克服幾個大障礙。

其一，以為你和作者想的是同一件事。因此，在你開始尋找時，必須避免使用「讀心術」。應該養成問：「你這麼說是什麼意思？」的習慣，而不是：「我懂你的意思。」

第二個障礙，是以為詞彙只有單一、明顯的定義。許多詞彙並非如此。因此，一定要問：「任何字詞或措辭是不是可能有不同的意

確定關鍵詞彙的線索：

1. 回頭去看議題，尋找可能的關鍵詞彙。

2. 在理由和結論中尋找重要的字詞或措辭。

3. 留意抽象的字詞和措辭。

4. 利用角色互換法，來確定別人可能用哪些不同的方式定義字詞和措辭。

義？」

以下的測試，可用來確定你是否已經找到特別重要、但語義不明的詞彙。如果你能用兩個以上不同的意義去表達某個詞彙，每個意義在論述的情境脈絡中都說得通，但理由支持結論的力度，會受不同的意義影響，那麼你已經找到一個重要的曖昧不明詞彙。所以，要確定你是否已經找到重要的曖昧不明詞彙，其中一個好方法就是用不同的意義代入推理結構，觀察意義改變之後，理由支持結論的力度是否有所不同。

使用這個批判性問題

　　上述段落值得你特別留意，因為我們針對語義曖昧不明的情況，提出運用批判性問題的一套方法。遵照這套方法去做，就能向你自己或其他任何人證明推理需要再加強。就算你很想相信作者或說話者所言，但身為批判思考者，卻沒辦法強迫自己同意對方的推理，除非影響推理的曖昧不明語義得到澄清。

確認是否曖昧不明．

現在讓我們運用以上建議的內容，幫助自己確定溝通者使用的哪些關鍵詞彙，說明得還不夠清楚。務請記住：做這個練習的時候，要不斷提問：「作者這麼說是什麼意思？」並且特別注意抽象詞彙。先從一個簡單的推理結構談起：廣告。

我牌安眠藥：藥效強大，三十分鐘見效。

議題：你應該買哪種安眠藥？

結論：（暗示）買我牌安眠藥。

理由：藥效強大，三十分鐘見效。

「買我牌安眠藥」和「三十分鐘見效」兩處措辭似乎相當具體、不言而喻。但是「藥效強大」呢？它的意思清楚嗎？我們不認為如此。為什麼這麼說？我們來做個測試。「藥效強大」含有一個以上的意義嗎？沒錯。它可能代表這種藥會讓你昏昏欲睡，也可能代表會讓你完全失去意識，甚至隔天早上都起不了床。或者，可能還有其他更多種不同的意思。如果所謂的「藥效強大」正好是你所需要的劑量，能讓你將生活作息安排得稱心如意，你會不會更

急著按照廣告上的建議去做？因此可知，這個含糊籠統的詞彙很重要，因為它影響了廣告的說服力。

廣告經常充滿曖昧不明的字詞。廣告主總是刻意以含混不清的詞彙，企圖說服你相信他們的產品優於競爭對手。以下是廣告詞曖昧不明的一些例子。請試著找到引號內字詞或措辭的各種可能意義：

終於有本書告訴我們如何覺得和留住「好朋友」。

無痛是「超強」止痛藥。

以上每句廣告詞，廣告主都希望你把最具魅力的意義，賦予那些曖昧不明的字詞。批判性閱讀可以保護你，不做出日後懊悔不已的購買決定。

現在來看一個比較複雜的語義不明例子。請記住，要先找到議題、結論和理由。千萬不要對語義不明的字詞照單全收。對批判思考者而言，重要的是推敲語義中不明含義的步驟。

我們絕對需要對「仿曬」設下限制，因為它會帶來極大的健康風險，且後果堪慮。研究指出，做「仿曬」的人，罹患皮膚病的機率比一般人高出許多。

我們來檢視推理過程，尋找可能影響我們接受意願的任何字詞或措辭。首先，從議題來看我們希望作者釐清哪些詞彙的意義。當然，除非作者指出「仿曬」是什麼意思，否則我們無法同意或不同意他的結論。因此，我們想在推理中，看看他的定義有多清楚。

其次，我們列出結論和理由中所有的關鍵語彙和措辭：「健康風險」、「後果堪慮」、「研究報告指出」、「幾份研究報告」、「做『仿曬』的人罹病機率高」、「皮膚病」、「我們絕對需要對『仿曬』設下限制」。讓我們更仔細看看其中一些詞彙，了解是不是有其他不同的意義，可能影響我們對推理的反應。

首先，結論曖昧不明。「我們絕對需要為『仿曬』設下限制」，到底是什麼意思？是不是表示應該立法禁止使用人工「仿曬」設備，或只是限定其使用時間？在你能夠決定是否同意說話者或作者之前，必須先確定他到底要我們相信什麼。

其次，作者表示「做『仿曬』的人罹皮膚病的機率比較高」。我們已經提過，並不清楚他所說的「從事『仿曬』的人」代表什麼意思？至於「皮膚病」，作者指的是日曬所帶來的許多發炎、過敏和紅腫病症，或更嚴重的皮膚癌？如果作者想說服你相信「仿曬」的危險和應該限制使用的結論，就有必要把內容說得更清楚明白。試著將這些措辭所代表的意義，在心裡描繪出一幅畫面。如果你做不到，就表示這些措辭語義不清。要是不同的影像會使你對理由產生不同的反應，那麼你已經找到曖昧不明的重要詞彙。

現在，再來檢查上面所列的其他措辭，這些不需要加以澄清嗎？如果你接受作者的論

述，卻不要求他釐清那些曖昧不明的措辭，那麼你根本不了解自己到底同意了什麼事。

情境脈絡與曖昧不明 ●

作者和說話者很少定義他們使用的詞彙。因此，要弄懂語義不明的陳述到底是什麼意思，通常得從字詞所處的情境脈絡去推斷。所謂情境脈絡（context），是指作者或說話者的背景、在特定爭議中慣用的用字遣詞、語義不明處之前和之後的字詞與陳述。這三個要素提供了一些線索，讓我們有機會了解潛在關鍵語彙或措辭的意義。

要是在一篇文章中看到人權（human rights）一詞，你應該馬上問自己：「指的是哪些權利？」如果你檢視情境脈絡之後，發現作者是挪威政府首長，那麼大可判斷，他心裡所想的人權，是指受雇、接受免費醫療、取得合適居所的權利。美國參議員所說的人權，卻可能和他大不相同。他心裡想的，可能是言論、宗教、遷徙與和平集會的自由。請注意這兩種人權版本不見得相容。一個國家可能保障某種形式的人權，卻同時違背另一種形式的人權。你應該設法了解情境脈絡，以釐清這個詞彙的意義。

使用這個批判性問題

注意語義曖昧不明的批判性問題，可以讓你站在公正的基礎上，不同意作者所做的推理。如果你和試圖說服你的人，對於推理中的關鍵詞彙，使用不同的意義，那麼你必須先解決雙方的歧見，才能考慮是否接受作者的推理。仔細檢視情境脈絡，以確定關鍵語彙和措辭的意義。如果意義仍不明確，那麼你已經找到語義不明的重要詞彙。若意義很明確，而你並不同意，那麼對於用到那個語彙或措辭的推理，你應該審慎考慮是否接受。

曖昧不明、定義與辭典 ●

從前面的討論可以清楚看出，要確認和釐清曖昧不明之處，你必須留意字詞的各種可能意義。意義通常以三種形式呈現：同義、例證，以及所謂的「依特定標準定義」。比方說，焦慮的定義至少有三種：

一、焦慮是指感到緊張（同義）。

二、焦慮是指候選人打開電視，收看選舉結果時表現出來的情緒（例證）。

三、焦慮是一種主觀的不安情緒，伴隨著自律神經系統的敏感性增強（特定標準）。

以批判性的態度，評估大部分的爭論性議題時，同義和例證並不適用。它們無法告訴你明確的特質，讓你清楚了解詞彙的意義。有用的定義，應該具體規範使用標準，且越明確越好。

要到哪裡找定義？線上辭典顯然是很重要的來源。但是辭典的定義往往由同義、例證，或不完整的使用標準規範構成。這些定義通常沒有適當地定出特定文章中某一詞彙的用法。遇到這種情況，你必須從文章的前後文，或者談這個主題的其他地方，探索可能的意義。我們來談談辭典中不適當的定義，請看以下的短文：

這所大學的教育品質並沒有下滑。親自走訪後，我發現絕大部分學生和講師都不認為這裡的教育品質有下滑跡象。

這段文字中，了解「教育品質」（quality of education）的意義，顯然很重要。如果你在辭典中查尋品質（quality），你會發現有許多意義。就這段文字的前後文來說，最適當的意義，應該是卓越（excellence）或優異（superiority）。卓越和優異雖是品質的同義詞，也一樣抽象。你還是需要確切知道卓越或優異的意義。你如何知道教育品質是高或優異？理想

上，你當然希望作者告訴你，他用到「教育品質」一詞時，到底是指什麼樣的標準。你能想到這個詞彙可以用什麼不同的方式定義嗎？以下列出教育品質一些可能的定義：

● 通過考試通常需要花費的心力
● 擁有博士學位的教授人數
● 學生的批判思考能力
● 學生的平均成績

每個定義都是不同的品質衡量方式、規範不同的標準，也都提供使用這個詞彙的一種具體方式。請注意，每一個定義都會影響你對作者所作推理的接納程度。比方說，如果你相信「品質」應該指學生的批判思考能力，而受訪的大部分學生，將之定義為通過考試需要花費的心力，那麼作者的理由不必然支持他的結論。考試可能不需要用到批判思考能力。

因此，你看到或聽到的許多論述，在辭典裡找不到合適的定義，而情境脈絡也[可能沒有釐清意義。要發掘其他的可能意義，方法之一是對字詞所代表的意思，在心中描繪一幅圖像。要是你辦不到，那麼你可能已經找到一個曖昧不明的重要詞彙。讓我們把這種方法運用到下述的例子：

我們公司有許多勝任愉快的員工。如果你加入本公司的行列，除了我們討論過的薪水以外，當然還有「額外福利」。我希望在你決定到哪家公司上班之前，會慎重考慮一切因素。

這段論述很明顯是想說服某人到自己的公司來上班。作者所提出的理由是薪水和「附帶的福利」。你能描繪一幅「高水準公民」的清晰心像嗎？對於所謂的高水準公民，每個人都有某種概念，但我們的概念不可能一模一樣，甚至可能相當不同。「附帶的福利」是指醫療健康保險或新的個人單間辦公室？要評估這段論述，必須更清楚認識作者所說的「附帶的福利」到底是什麼意思。因此，我們已經找到一個語義不明的重要詞彙。

釐清語義不明的責任歸屬 •

在找出和釐清曖昧不明的語義之後，如果仍不確定若干關鍵觀念的意義，該怎麼辦？我們建議你對語義不明的理由視而不見，身為主動積極的傾聽者，你有責任提出問題，釐清曖昧不明的語義。但是你的責任僅止於此。想要說服你相信某件事情的是作者或說話者。既然他扮演的角色是說服者，就必須在你覺得語義含糊不清時有所回應。

對於不清不楚的觀念或選擇，你不必回應。如果有位朋友告訴你，應該選修某個課程，因為這個課程「真的不同凡響」，卻沒說清楚到底有什麼不同，那麼你就沒有理由同意或拒絕他的建議。一個人如果不能把推論過程說清楚，就無權要別人相信他。

你花了數週時間找資料，準備寫一份關於校園強暴案件逐漸減少的報告，文中也引用許多知名論文來支持你的論點。你對於報告品質相當滿意。

然而，教授打了D，並做了如下評語：「有許多證據顯示你的結論有誤，請重寫。」你會大哭、揉掉報告後重寫一份嗎？還是會去找教授談談，設法向教授傳達你有多努力找背景資料並證明？若你真的去找教授理論報告分數，可能會發現原來問題在於你和教授對於「強暴」的定義不同。你的報告專談要你做「陌生人強暴」（stranger rape）專題報告。因此，如果你能在報告中小心定義並說明主題，就不用承受拿D的壓力、忿忿不平了。

〈上一章的批判思考者如何說、怎麼寫〉專欄，談到文章組織架構應力求清楚明晰，此章則將重點擺在用字遣詞。語焉不詳、意思模糊難辨的內容，無法期待讀者做出有效的回應。作者或說話者必須將自己的意思，流暢正確地傳達給受眾知道。

作者或說話者總以為自己說清楚、講明白了，殊不知目標受眾感受到的、極可能與我們真正的意思大相逕庭。字的含義博大精深。你所用的每一個字，都要以打動受眾、觸發想像力為目標。

因此，我們應該將真正想說的話，確實傳達到受眾心中。就方才的報告

案例來說，如果你能事先與教授討論你想做約會強暴專題報告，就能達成共識並少走冤枉路了。產出論述前，請妥善處理用字遣詞，確實達到訊息的雙向與充分交流。

若不想讓曖昧不明的字詞破壞雙向溝通，可試試以下方法：

4. 自問「持反對意見的人為了捍衛自身論點，會怎麼定義關鍵字詞？與我的定義有何不同？」

3. 知道核心論述中有何抽象字詞，越抽象的字，越需要妥善說明。

2. 找出理由中的關鍵字詞，給予明確的定義／解釋。

1. 找出議題與結論中的關鍵字詞，給予明確的定義／解釋。

第一步是觀察並找出議題與結論中任何具有多元意涵的字詞。

現在來看看下列議題（問題）與結論：

3. 擁有更多選擇會增加人民的幸福感嗎？

2. 「我說yes才行」政策實施之後，可以減少約會強暴發生嗎？

1. 自駕車侵犯了個人隱私嗎？

上述句子或問題中，都必須先釐清曖昧不明的字詞，讀者或聽者才能真正了解論述的主旨。請花點時間試試你能否找出問題字眼。

曖昧不明的字詞包括：「隱私」、「約會強暴」、「『我說yes才行』政策」、「更多」與「幸福感」。為了寫出清楚易懂的論述，不誤將曖昧不明的關鍵字詞當成立論基礎（如本節開頭的例子）、導致彼此陷入誤解迴圈，應賦予上述字詞清楚明晰的定義，因為它們都是結論的核心詞彙。

現在來看第一個例子「自駕車侵犯了個人隱私嗎？」看到此問題時，應該提問：「什麼是個人隱私？」一九二三年，美國最高法院大法官布蘭迪斯（Louis Brandeis）對「隱私權」所下之定義是：「不受干擾的權利」（our right to be let alone）。有人認為此定義太廣泛，應將「隱私權」細分為兩類：身體隱私（physical privacy）與資訊隱私（information privacy）；也有人表示隱私權指的是《美國憲法第四條修正案》（The Fourth Amendment）：保障個人權利不會蒙受政府與其代表侵犯個人隱私權所造成的可能影響。況且，有做過功課的人就會知道，在眾多敘述中，這只是其中三種可以定義「隱私權」的方式。身為作者或說話者，需要在建構論述之前，為結論中的「隱私權」下一個明確的定義。千萬不能抱著受眾會讀心，或定義本來就很清楚的馬虎心態，而略過此步驟。

接著，第二步就是找出理由中有無任何曖昧不明的字詞。比方說，主張自駕車侵犯個人隱私的原因，在於個人資料（簡稱「個資」）共享。這時可知「個資」一詞的意思相當模糊。請思考各種可能的定義，例如：姓名、地址、駕照號碼、男友姓名、出生日期、行車速度、踩煞車頻率、最愛的顏色、手機號碼……此清單可以無限延長。再者，我們真會為了每種個資都應受到保護而據理力爭嗎？想當然爾，如果你的結論是誓死捍衛所有個資，實務上獲得支持的可能性極低，因為我們很常無償提供姓名、地址，甚至是出生年月日。請換個角度想想，我們該決定的是什麼樣的個資值得保護，並且清楚讓閱聽受眾知道是哪幾種。

現在，你可能心想：這樣不就整篇論文滿滿都是定義了嗎？事實上，闡明語言的同時，也需要提供看法與意見，不可過於拘泥於定義所有關鍵字詞（結果寫得又臭又長）。常見的方法是透過論述本身來闡明意義。例如，你認為選擇增加反而會減少幸福感，以下論述內容可供參考：

人們的選擇增加時，幸福感會呈現下滑態勢。進行測量腦內啡（endorphin）分泌的實驗時，分別給予受試者一個、五個、十個選項，結果顯示選擇增加時，大腦的腦內啡分泌量就會減少。

如你所見，這段文字透過上下文說明了「幸福感」的定義。然而，此定義必須始終如一、貫串全文。以此文為例，作者就不能另行解讀何謂幸福感，來充當理由。關鍵字「幸福感」的定義如果變來變去，不但會造成讀者困惑，也讓他人可趁機挑戰此論述的正當性。

請謹記，只要定義論述中的「關鍵字詞」或「曖昧抽象字詞」就好，不用逐字逐句解釋。

在找出所有曖昧不明的內容後，為免有漏網之魚，還有兩個驗證方式。

一是請別人看看你寫好的內容，最好是對主題不熟的人和（或）你所鎖定的受眾，請他們指出看不懂的地方。由於第三方讀者（outside reader）對我們論述的主題完全不熟，因此是找出曖昧不明關鍵字詞的最佳人選。

最後，人們很容易對定義和解釋的過程感到無聊乏味，請將此不停查找與引用字典的過程，看成釐清個人思考的好機會。在文章的結論脈絡之下，確認用字遣詞的意思，也可一併優化自己的思考方式，長遠來看，有助於寫出思緒更為縝密周全的論述內容。

Q 批判性問題：哪些字詞與措辭曖昧不明？

請在下面各篇文章中，找出語義曖昧不明的例子。試著説明為什麼這些例子不利於推理。

短文 1

學校的衣著規範（dress code）是用來限制不適當的服裝，以協助維持專注的學習環境。假如有同學穿著不合宜，其他學生可能會受影響而分心。在上學期間遵守衣著規範並未妨礙言論表達自由。不像硬性規定的制服，衣著規範仍然允許學生自由選擇衣著，只要穿著不被認定有失妥當。

短文 2

平板電腦應取代義務教育（K-12 schools）使用的課本。提倡人士主張，使用平板電腦既節省經費和時間、也較不佔空間。舉例而言，平板電腦的花費低於教科書，同時因降低印刷和紙張消耗量，對環境有正面的影響。此外，於加州完成的一項研究指出，使用互動式平板電腦的學生在標準化測驗

中取得的成績，大幅領先使用紙本教科書的學生。

短文 3

政府在醫療保健方面支出過高。政府應持續補助有需要的族群，但不該對所有人一視同仁。刪減醫療保健經費將使稅額降低，增進國民的消費力。就美國經濟的現況而言，任何替國民節省開銷的措施，都有益於未來發展。

在短文 1 的示範回答裡，我們仍示範本章和前兩章所教導的「自問自答」式批判性思想過程。

短文 1

・假如文章裡有任何明顯語義含糊的地方，《看穿假象、理智發聲，從問對問題開始》這本書說：我應該可以在議題、結論或理由裡找到它的蹤跡。因此，我的第一步將是從這些論述中去尋求。看起來，議題和結論都不明顯，也沒有指示性字詞出現。我只好使用其他工具來鑑識議題和結論。要找出議題，本書也建議我問：「作者想説什麼？」我猜是「衣著規範」。它是好主意嗎？好吧，那麼，我就將這個想法寫成問題：「學校應該制定衣著規範嗎？」在這篇文章裡，所有的句子都設法要說服我：我們必須有「衣著規範」，因此，結論一定是「是的，學校應該制定衣著規範。」

・同樣的，文章裡也找不到指示性字詞來幫助我尋找理由。所以，我將嘗試其他方法。要找出理由，我需要站在作者的角度，然後自問：「為什麼學校應該制定衣著規範？」我可以從文章中推論出兩大理由：第一，不合宜的穿著會影響學習。第二，衣著規範未妨礙自由表

達。

- 現在我已經將整個論述拆解成最基本的部分了，我應該可以開始尋找語意有重大曖昧不明的地方了。首先，我找出議題、結論和理由裡的關鍵語彙或措辭。這些詞彙對這段論述非常重要。它們在情境脈絡中可能有一個以上的意思。比方說，可能是抽象詞彙或偏見性用語。

「不合宜的穿著」絕對是這段論述當中的關鍵要素，但作者一直沒有告訴我「不合宜」的定義。我懷疑這個字詞可能還有其他含義⋯⋯

- 就我的觀點來說，我認為「不合宜的穿著」是衣服上有傷人或侮辱人的圖文。我是主張禁止穿這類衣服到學校的！那些開人玩笑的T恤絕對是「不合宜的穿著」。這一點對我來說再清楚不過。當然，《看穿假象、理智發聲，從問對問題開始》警告：縱使事實並非如此，我也可能認為某個字詞的定義已經很清楚明白。所以，我應該一再質問：這個詞彙還有其他不同意思嗎？

- 《看穿假象、理智發聲，從問對問題開始》所建議的提示之一是，注意像「下流」和「責任」等抽象詞彙。這些字詞抽象且曖昧不明，在文章裡沒有特定的定義或一組判斷標準，「不合宜」亦然。作者沒有說「不合宜」的意思是「在T恤上出現傷人的圖文」；這是我的解

釋，因為我認為這類 T 恤不合宜。作者也沒有說「不合宜」代表某種長度的裙子或者褲子穿得很低，連內褲都露出來了。經過這番思考，我開始感覺這個字詞的意思不如我當初所想的那麼清楚明白。

在我搞定一切之前，我想試試「角色互換」這個建議。反對這個結論的人會怎麼定義「不合宜的穿著」呢？他們或許會極力主張：衣著規範就是會妨礙自由表達的權力。學生會想在穿著上表達什麼意見呢？表達政治立場的字詞經常出現在 T 恤上。我就看過青少年穿著「反戰」T 恤，或以 T 恤對喜愛的總統候選人表達支持。反對「衣著規範」的人可能就是害怕，學生會被剝奪重要議題的發言權。

哇！現在我被困住了。如果作者談論的是 T 恤上傷人的圖文，我完全同意禁止穿著這類 T 恤。可是，如果作者說的是限制學生表達政治立場，我強烈反對。除非釐清這些曖昧不明的地方，我現在無法對這個議題做出結論。

短文 2

議題：平板電腦應取代義務教育課本嗎？

結論：是的。

理由：1. 較便宜。

2. 減少紙張使用、對環境較友善。

3. 在標準化測驗中，和使用紙本教科書的學生相比，使用平板電腦的學生成績較佳。

文中哪些用字遣詞的語義不明確，可能影響我們採取行動的意願（立刻在校務會議上要求讓學生改用平板電腦）？首先，文章寫到「節省經費」，提倡人士指的是最初或長期下來的花費？換言之，平板電腦的使用年限比教科書更長嗎？再者，文中宣稱平板電腦「減少紙張使用」，是否單純意味著「教科書是用紙做成的、而平板不是」？若是，則此敘述無誤。或者，「減少」意味著將平板引進學校後，紙本資料的印量將因此下降？後者在支持「節省經費」的論述上更為有力。

5 C H A P T E R

有無價值觀衝突與描述性假設？

本章學習目標

1　說明發現論述中的「隱形假設」為何至關重要

2　分析論述中的「價值觀假設」

3　學會分辨「價值」與「描述性假設」

4　訓練自己接受「典型價值觀衝突」

5　善用線索找出「描述性結論」

想說服你相信某一立場的任何人，必須提出能夠支持這個立場的理由。乍看之下，似乎每個論述都「頭頭是道」、有形的結構看起來相當不錯。然而明述的理由，並非證明或支持結論的唯一觀念。隱藏或未明白表述的信念，可能一樣重要。請閱讀以下這段簡短的論述，檢驗未明述觀念的重要性：

地方政府應更嚴格執法，以杜絕酒醉鬧事的惡習。很明顯，民眾不夠積極守法；因此，都市警察必須採取行動。如果執法不嚴，我們如何期待改變？

乍看之下，理由支持結論。如果市政府期望市民改變行為，就必須在法律執行上加把勁。

不過，有一種可能的情形是，作者所給的理由千真萬確，卻不必然支持結論。如果你相信「酒醉鬧事」是個人責任，而不是政府的集體責任，那麼，從你的觀點來說，這段文字的理由就不支持結論。只有在你接受作者視為理所當然的、若干未明述觀念的情況下，他的推理才能說服你。在這個例子裡，作者視為理所當然的觀念是「集體責任」比「個人負責」來得理想。

所有的論述，都包含作者認為理所當然的「信念」。一般來說，這些信念不會明白陳述，必須從字裡行間找出端倪。這些信念是推理結構中重要的無形連結，宛如黏著劑般維繫

整個論述，同時也回答了這個關鍵問題：「合理連結理由與結論，必備的觀念是什麼？」這種連結的必要性應明顯可見。缺乏這種連結，就無法在無數觀念之中找出合格的好理由。再者，沒有找出這些連結的話，就無法真正了解論述的意旨。

本章對批判思考者特別有幫助，可以為觀察論述的全貌作好準備，而不只看其吸引人的特色。你可以自行調整步調，逐一創造論述的必備要素，而提供這些要素的人或許設法隱藏它們、不想讓你發現。

以下另舉一例，說明假設有多重要。為什麼本書要求你努力學習並精通批判思考的技巧和態度？你有很多理由不學批判思考，比方說，批判思考比其他決策方法——丟銅板或直接請教身邊的專家下一步該如何想、如何做——來得費神費事。但本書就是鼓勵你學習批判思考，並一直告訴你批判思考對你好處多多。

我們的忠告是基於某些看不見的信念。假如你無法同意這些信念，你就不會接受我們的忠告。批判思考相信自主、好奇和合理是人生最重要的幾項目標；批判思考的最終產品是一位願意放開心胸接納多元觀點，以理性態度評估這些觀點，然後使用這些評估結果來決定相信什麼和採取什麼行動的人。我們相信你會喜歡這樣的生活，也因此你會想成為一位批判思考者。

從許多方面來看，這些要你做的事，很像是不懂魔術戲法的你，依著魔術師的手法操作；你看到手帕放進帽子裡，抓出來變成一隻兔子，卻不知道魔術師是怎麼辦到的。為了瞭

Q 批判性問題：
假設是什麼？

解他的把戲，你必須去發掘他所隱藏的手法。同樣地，面對一項論述，你必須去發掘未曾明述的觀念。我們將把這些未明述的觀念，稱作假設（assumptions）。

假設的性質如下：

一、隱藏或未明述（大部分狀況下）
二、被視為理所當然
三、影響我們確定結論，以及
四、可能似是而非。

假設的關鍵屬性

未明述的隱形結構

論述者
信以為真的部分

假設的關鍵屬性

足以左右結論

可能似是而非

導出特定結論
的要件

找出假設的基本概論 ●

任何著作、討論、文章，都含有無數的假設，但需要你關心的假設不多。務請牢記在心：論述的有形結構是由理由和結論構成。因此，你只需要對影響結構品質的假設感興趣。你可以把搜尋假設的範圍，限制在你已經學會怎麼確認的結構上。有兩個地方可以找到假設，尋找利用理由去支持結論時需要的假設（連結假設），以及尋找證明理由正確所需的假設。

我們先介紹「價值觀假設」，接著才是「描述性假設」。兩者在形成論述的過程都扮演極為重要的角色。

Attention!
從理由推演到結論過程中，找出價值觀與描述性假設。

請注意，我們尋找曖昧不明的重要語義時，也從理由和結論著手。同樣地，我們十分注重理由和結論在演說或文章中的重要地位。

價值觀衝突與假設 ●

為什麼一些非常理性的人疾言厲色，指斥墮胎無異於謀殺，而其他同樣理性的人卻相信墮胎合乎人道精神？為什麼歷任每一位美國總統，不管政治信念為何，最後都和新聞媒體起爭執，認為不該公布政府的資訊？

這些不同結論的形成，出於一個極其重要的原因：價值觀衝突（value conflicts），或者因為參考框架不同，產生了彼此相左的價值觀。對於道德性或指示性的論述，個人的價值觀會影響所提出的理由，進而影響結論。舉例來說，有所頂尖大學最近宣布要辭退一百名教職員。學生立刻高聲反對，由於他們一向關注公平（對被開除的教職員工而言）與信賴（「學校承諾我們上課的人數。」）的價值觀，因此情況越演越烈，然而大學行政單位崇尚的是效率與節省的價值觀，並據此執行減少成本的策略。

126

事實上，把價值觀假設（value assumption）加進推理結構，理由才會合乎邏輯地支持結論。底下這段論述說明了價值觀假設在指示性論述中所扮演的角色。

消遣娛樂用的藥品不該合法化。非法藥品引發太多街頭暴力和其他犯罪。

請注意：只有在你理所當然地認為「公共安全」比「個人責任」來得更珍貴時，這個理由才會合乎邏輯地支持結論。價值觀假設對這類型的論述很重要，因為它們正躲在背面指導推理。設法與你溝通的人可能意識到也可能不知道這些假設。你應該養成習慣，時時尋找理由背後的這些價值觀假設。

所謂價值觀假設，是指大家在面對某些彼此相互抵觸的價值觀時，理所當然地挑選合意的那一項。作者對某項社會爭議抱持某種立場時，通常偏愛某一價值觀甚於其他價值觀，也就是說，他們心裡自有一套價值觀優先順序或偏好。要找出這些優先順序或偏好，你必須能充分掌握價值觀的意義。因此，我們認為這是再溫習本書第一章——價值觀介紹的好時機。

從價值觀到價值觀假設 •

要找到價值觀假設，不能只看一張簡單的價值觀清單。有許多人價值觀和你相同，例如：幾乎每個人都說，臨機應變、合作和誠實很重要。但在面臨爭議性議題時，就會顯露不同的價值觀優先順序，即價值觀假設。

請再次檢視定義，相信很快就能看出每個人清單上的價值觀大同小異。其中有許多是共有價值觀，所以單憑價值本身並不能讓人充分了解事情的全貌。面對一個指示性問題，你的答案和別人不同，原因在於你堅持特定價值觀的相對強度和他人不一樣。

面對具有爭議性的議題，如果出現價值觀相互衝突或抵觸情形，我們就會知道，每個人持有特定價值觀的強度不一樣。發現大部分的人既重視競爭、也重視合作，對我們的幫助不是很大；但若發現，當兩種價值觀相互衝突，誰重視競爭甚於合作，即有助於我們對指示性選擇的了解。

人往往沒有明白表示他偏愛哪些價值觀，但是價值觀偏好深深影響他的結論，以及他如何為結論辯護。即使沒有明白陳述，作者堅持的價值觀優先順序，就成為他的價值觀假設。

有些人把這些假設稱為價值判斷（value judgments）。認清他人對相互衝突的價值觀或價值觀組合的相對支持力度，一方面可以增進你對所閱讀文章的了解，另一方面也可以作為評估

128

指示性論述的基礎。

當你發現某人在特定論述中持有某種價值觀偏好時，不能認定這個人在討論不同的爭論性議題時，必然持有相同的價值觀優先順序。一個人不會不顧所討論的議題為何，都抱持相同的價值觀優先順序。因為和爭論性議題有關的情境脈絡與事實資料，會影響我們堅持特定價值觀偏好的程度。我們對價值觀偏好的堅持，只到某種程度。舉例來說，有人大部分時候偏好個人選擇的自由甚於群體的安樂（例如穿著有國旗圖案的衣服），但在見到群體的安樂可能遭受太大的傷害時（例如有人發表種族歧視言論時），可能改變原來的價值觀偏好。換句話說，價值觀假設和情境脈絡有很大的關係，它們適用於某種情境脈絡，但在指示性議題的細節改變之後，我們可能另有不同的價值觀優先順序。

典型的價值觀衝突 ●

認識典型的價值觀衝突，可以更快確認作者形成某種結論時持有的假設。我們已經列出道德性議題中，一些比較常見的價值觀衝突，並且提供一些爭論性議題的例子，可以明顯看出價值觀衝突。在你試著確認重要的價值觀假設時，希望你能以這張清單作為起點，可以確認價值觀衝突時，你會發現，特定爭論性議題的結論之形成，往往涉及幾個價值觀衝突。評估某項爭論性議題時，請試著找出幾個價值觀衝突。有些爭論性議題只有一個主要的價值觀衝突；有些議題則有好幾個。

典型的價值觀衝突和爭論性議題：

1. 忠誠—誠實

應該告訴爸媽姊姊吸毒嗎？

2. 競爭—合作

你認為學業成績評分制度有助於學習嗎？

3. 新聞出版自由—國家安全

每星期召開總統記者會是明智之舉嗎？

4. 秩序—言論自由

思想偏激的人應該被捕嗎？

5. 理性—衝動

下注之前，應該先看賭贏的機率如何嗎？

找出價值觀假設的線索 ●

前面提過，尋找價值觀假設的好起點，是探討作者的背景資料。盡你所能去調查，像作者那樣的人通常持有的價值觀偏好。其身分是企業高階主管、工會領袖、共和黨幹部、醫生或公寓租戶？這種人通常想要保護什麼樣的利益？人為維護一己私利而奮鬥，並沒有什麼不對，但在這種情況下，特定作者通常無法容忍某些價值觀假設。比方說，在強調效率甚於穩定以致自己丟掉工作時，大汽車公司的總裁當然不可能太重視效率。如此一來，身為批判性閱聽人的你，思索像作者那樣的人，可能持有什麼樣的假設，往往能夠很快發現他的價值觀偏好。

不過，在此要提醒一件重要的事，即使作者屬於某個群體，也不見得持有那個群體特有的價值觀假設。以為屬於某個群體的每個人想法都一樣，是不對的。我們都知道，商人、農民、消防隊員討論某件事時，可能有不同的意見。探討作者的背景，管窺他的價值觀假設，只是個線索而已。就和其他的線索一樣，使用時必須非常小心謹慎，才不會產生誤導作用。

價值觀假設線索得出的結果 ●

指示性論述中，針對某個議題持有的每一種立場，都會得出不同的後果或結果。每一種可能的後果，發生的可能性不一，而且都具有某種程度的可取性。某種後果的可取性如何，要看作者或讀者個人的價值觀偏好如何而定。這種情況中，結論的可取性，是由潛在後果發生的可能性，以及每種後果被附加的重要性而決定。因此，要確定一個人的價值觀假設的重要的方法之一，就是檢視用於支持結論的理由，然後確定是哪些價值觀優先順序導出這些理由，而這些理由，經評估後，被認為比該議題的另一方理由具可取性。我們來看一個具體的例子：

不該興建核能發電廠，因為核廢料很危險，會汙染我們的環境。

這裡提出的理由相當明確：興建核能發電廠的潛在後果。作者顯然認為汙染環境很不可取。為什麼在這個人的想法中，這種後果占有那麼大的分量？防止汙染有助於達成何種更為普遍的價值觀？我們只能猜測，但可想而知，這個人可能特別重視健康和自然保育。換成別人，可能會在這個論述中，強調不同的後果，例如供給電力給消費大眾將受到什麼影響。原

因何在？可能因為該作者非常重視效率。因此，如果價值觀假設是自然保育重於效率，那麼這個理由能夠支持結論。這樣一來，確定價值觀假設的一個重要方法，是問：「為什麼作者或說話者樂於把特定的後果或結果當作理由提出？」

找出更多價值觀假設的線索◆

「角色互換」是尋找價值觀衝突的實用技巧之一。你應該提問：「假如有人採取的立場和作者不同，那他們關心的是什麼？」舉例來說，有人主張不該拿猴子來做實驗研究，那麼你應該問：「如果我贊成用猴子作實驗，那我關心的是什麼？」

最後，你總會弄清楚，不同意作者的結論，是否來自「個人我行我素的權利」和「那種行為影響群體福祉」兩者間的價值觀衝突。許多論述都只隱約立基於這種持續存在的價值觀衝突。和其他常見的價值觀衝突一樣，每個人都能想起以前曾在無數的場合中，需要我們權衡取捨這兩種重要的價值觀和其所產生的影響。

舉例來說，在探討於校園使用金屬探測器時，我們建構論述的第一步，往往是考慮個別學生的隱私權，以及如有學生攜帶武器到學校時，可能對學生身心安全的威脅。接著，我們試著平衡這兩種價值觀：在這種情況中，個人的隱私權受到的保護，是不是應該高於其他學

生的福祉？其他議題如果涉及這種價值觀衝突，又該怎麼處理？

認清別人的價值觀偏好

大多數資訊來源，如媒體、大學、朋友等，幾乎都不會公開所持意見背後的價值觀假設，而且根據許多個案可知：我們甚至沒有意識到價值觀假設的存在。因此根本不可能聽到有人說：「根據我的價值觀偏好……」。這種情況簡直糟透了！知道他人抱持何種價值觀假設，以及產生價值觀偏好的根本原因，讓我們擁有巨大優勢、更加了解與包容不同背景的人。譬如，心理學家強納森‧海德特在《好人總是自以為是》（The Righteous Mind）書中談論美國政治的發展脈絡，並指出共和黨與民主黨若能欣賞彼此的核心價值觀偏好，就能提出更有建設性的反對意見。他也提出自由主義者最重要的價值觀是「關心」，尤指對受壓迫者的關心；社會保守分子最重視的價值觀則是「權威」，即守護崇尚某道德社群（moral community）的組織與傳統。海德特希望雙方能更進一步了解彼此的核心價值觀，最後主動去思忖對方的論述。

找到價值觀假設之後，接下來怎麼利用？首先，不要忘了每個批判性問題的目的——為了讓你有能力評估推理。所以，你有權質疑為什麼採用任何一種價值觀假設。身為批判思考者，你會希望提出論述的人，解釋為什麼你應該接受論述中隱含的特定價值觀假設。

價值觀與相對論 ●

本章不想讓讀者覺得價值觀偏好有如吃冰淇淋。如果我喜歡藍莓乳酪蛋糕口味，你沒辦法說服我相信檸檬戚風蛋糕口味更好吃。冰淇淋只是個人口味偏好的問題，沒什麼好討論的。

但是價值觀偏好的選擇卻需要推理。推理時可以掌握充分的資訊、深思熟慮、小心翼翼，也可以隨意為之、自說自話。因此，價值觀偏好必須提出能夠自圓其說的理由，讓批判思考者覺得言之成理。如同任何其他結論，價值觀偏好也需要有理由來支持。這樣一來，我們每個人才能研究其推理，進而形成自己的推理。

找出和評估描述性假設 ●

找到價值觀假設之後，你會相當清楚作者或說話者希望這個世界是什麼模樣，也就是他認為什麼目標最重要。但是你不知道他所認為的這個世界和居住在上面的人類屬於什麼樣的性質。他們本質上是懶惰或成就取向、合作或競爭、為生物結構或環境所控制、自私自利或博愛利他、理性或異想天開？作者的有形推理，除了取決於自身價值觀，也取決於這些觀念。這些未曾明述的觀念，就是描述性假設（descriptive assumption），也是論述中不可或缺的隱形要素。

底下這則有關「汽車」的簡短論述就取決於這種隱形假設。你看得出來嗎？

這輛車可以帶你抵達目的地，不論哪裡都行。我開著它征戰過大大小小地方。

描述性假設是指你對這個世界的過去、現在、將來面貌所持有的信念，你應該還記得，指示性假設或價值觀假設，是指你對這個世界應有的面貌所持有的信念。

描述性假設的定義 ●

我們仔細探討有關「汽車」的論述，以便更清楚說明描述性假設的意思。推理結構如下：

結論：這輛車可以帶你去任何想去的地方。

理由：此車款在各種地方都能順利行駛。

到目前為止，推理並不完整。我們曉得，光是理由並不能支持結論，理由必須以其他某些（往往未曾明述的）觀念和結論連結起來。這些觀念如果正確，才能用理由來支持結論。

因此，理由是否支持結論，或者是否與結論有關，要看我們是不是能找到未曾明述的觀念，以合乎邏輯的方式，把理由和結論串連起來。當這些未曾明述的觀念屬於描述性質，我們稱之為描述性假設。對此，我們提出兩個描述性假設：

■ 假設一：這款汽車每年出廠的品質都能保持穩定一致。

首先，請注意，論述中並沒有上述的陳述。然而，如果理由正確，此假設也正確，那麼，此理由就能給結論若干支持。但是，如果每年出廠的汽車無法保持相同的品質水準（我們知道很難做到這一點），那麼，前幾年的經驗就無法當作本年度購買此車型的可靠參考。

接著，請注意，這個假設是陳述現狀，不是表示事情應該是什麼樣子，所以，它是描述性連結假設（descriptive connecting assumption）。

■ 假設二：這輛新車的駕駛體驗，與推薦人過去的體驗相同。

當我們談論駕駛體驗時，我們可能需要澄清「駕駛」所帶來的模糊感，以免未來陷入困境。假如推薦人所說的駕駛體驗指的是經常性採買生活必需品的旅途，車子都是走在平整、非山坡郊區道路上的話，那麼，這種駕駛體驗就不能提供給買新車還要加掛重型拖車、行駛

於科羅拉多州（Colorado）山路的人參考，因為實在太不相干。因此，只有在「駕駛體驗」的定義做了某種假設的前提下，結論才得到理由的支持。

我們可以把這類描述性假設稱為定義式假設（definitional assumption），因為我們把某個詞彙的一種意義視為理所當然，而這個詞彙可能具有多重意義。所以，我們要找的一類重要描述性假設，是定義式假設。找到了連結假設之後，你已經回答了這個問題：「以什麼為基礎，從哪個理由得出哪個結論？」接下來自然而然的一步，是問：「根據什麼，才能接受這個假設？」如果找不到答案，那麼對你來說，理由沒辦法支持結論。找得到答案的話，就表示理由可以給結論合乎邏輯的支持。這麼一來，在你找到連結假設，而且有很好的理由相信那些假設時，推理過程就可說相當扎實。

在你確認假設時，要找的是溝通者視為理所當然的觀念，基於這些觀念，理由對結論構成支持。由於作者和說話者經常沒有察覺本身持有的假設，他們表現在外的信念，可能和你

確認的隱形假設相當不同。

常見的描述性假設 ●

假設的質與量一樣重要，是任何論述不可或缺的元素。假設需要優先考慮安排，也是人們在提出論述的過程中不會宣之於口、與他人共享的信念。假設是強大的存在，但需要讀者或聽者自行發掘。描述性假設常常有誤，這點也請謹記在心。

想有效地訓練找出與使用假設的技巧、有助於評估你所支持的論述，便是培養對常見假設的敏感度。這些假設常常出現在我們的思考過程，一旦學會如何找出假設，就會開始欣賞它們凌駕於思考之上的強大力量。當我們尋找與辨識假設影響力的技巧純熟之後，就會更渴望將關鍵假設分門別類，內化為批判思考的基本環節。

- ● 發生在人們身上的事，主要是個人選擇的結果。這種假設在我們責怪或榮耀他人時成形，大到無法忽視。

- ● 說話者或作者是典型人物。會做出此假設的人，理由不外乎都是個人經驗或品味。

- ● 世界是公平的。此假設居於幕後，緊扣著形式的推理過程：某事必須為真，意指它

140

將會成真。相信各位都了解這種推理通常稱為「浪漫謬誤」（romantic fallacy）。

- 因過去發生某事，未來也會發生。針對某人、甚至某國的歷史而言，此假設意味著沒經過批判思考、過度簡化的反應。

- <u>我的世界是宇宙的中心</u>。此假設讓我們難以支持專門造福他人的法律或政策，也就是說，壓下了對弱勢族群的同理心。

請注意所有假設都是可辯論的，換言之，講理人士可以反對論述的正當性。對批判思考者來說，重點在於人們何時做出假設，以及為何製造出這些假設。我們也應該對完整論述做出反應，而不是只在乎有沒有被看見。

確認假設的線索 •

尋找假設時，你的工作是填補失落的缺口，重建推理結構。也就是說，你必須提出一些觀念，協助溝通者的推理「說起來頭頭是道」。有了包含有形和無形的整體論述的畫面之後，將更有利於判斷它的優缺點。

如何尋找那些失落的重要連結？這得花費心思、想像力、創造力。尋找重要的假設，是

件困難的工作。你已經看過兩類假設——價值觀假設和描述性假設。前一章曾經給你幾個線索，告訴你怎麼尋找價值觀假設。本章再給你幾個線索，用於搜尋描述性假設。

● 不斷思考結論和理由之間的缺口。首先，我們想問：為什麼要找假設？找假設的原因，是為了判斷理由支持結論的力度如何。因此，你要找的是作者或說話者視為理所當然的假設，好把理由和結論連結起來。不斷提問：「你怎麼從理由走到結論？」「如果理由正確，其他什麼事情也必須正確。不斷提問：「你怎麼從理由走到結論？」為了回答上述問題，提問：「假使理由正確，結論是不是仍有可能錯誤？」幫助很大。搜尋缺口，有助於同時找到價值觀假設和描述性假設。

● 尋找支持理由的觀念。有時候，作者並沒有明白表示以什麼支持理由，然而理由是不是合理，要看被視為理所當然的觀念，是不是令人欣然接受。這些觀念就是描述性假設。以下的簡短論述說明了這種狀況：

理由：現場觀賞莎士比亞的戲劇對學生是有益處的。

結論：所有高中的英語文學課程都要求學生至少看一場莎士比亞的戲劇。

哪些觀念必須被視為理所當然，這個理由才能被接受？我們必須假設：

142

1　戲劇表演得很好，忠實反映出莎士比亞想達的情節。

2　學生了解戲劇內容，而且知道它與莎士比亞的關係。

1和2必須被視為理所當然的觀念，理由才能被接受，進而支持結論。

● 設身處地，認同作者或說話者。把自己想成是必須為結論辯護的人，找起假設來往往容易些。如果辦得到，不妨深入作成結論者的內心世界，去發掘他的背景。被你評估結論的那個人，不管是企業高階主管、工會領袖，還是拳賽推廣者、法官，試著扮演他的角色，想想他在作成結論的過程中，是如何思考的。採煤公司的高階主管表示，露天採礦不會嚴重傷害自然環境的美景時，一開始持有的信念可能是：露天採礦對國家有益。因此，他對美景的定義，可能和他的論述取得一致，而其他人的定義卻會譴責露天採礦的行為。

● 認同反對立場。如果站在說者或作者的立場，找不到相關的假設，這時不妨唱唱反調反其道而行。問問自己：為什麼有人不同意說話者或作者的結論？哪一類的推理，會促使某人不同意你正在評估的那個結論？若是站在反對立場，不接受結論，將有可能一眼看出論述結構中含有的假設。

將個人價值觀與假設帶入論述之中，乃人之常情，只是很多時候，如果沒有仔細審視，我們幾乎沒有發現在想法或觀念的背後，藏的是哪一種價值觀或假設（不過，有時就算審視了也毫無所覺）。

不論我們想提出哪一種論述形態，如口語或寫作，都要清楚我們如何成為現在的自己，包括出生長大的家庭環境，以及教育、宗教背景、親朋好友如何形塑並影響我們看待事情的立場。在人生大半輩子中，這些影響一再引導我們做出決定、培養信念，導致批判思考的技巧毫無用武之地。因此，許多人並不在乎自己的立場是受到何種價值觀驅使，也不會去判斷內心諸多價值觀孰重孰輕。雪上加霜的是，我們共用相同的價值觀，所謂的「不同」，並不是根據價值觀的本質好壞來判斷，而是我們自己的價值觀排行榜。

還記得本章開頭所提，警方應該加強執法取締酒醉鬧事（Public intoxication）嗎？該結論指出社區責任應凌駕於個人責任。這種看法是很普遍的大眾看法，畢竟，有人會說自己贊成酒醉鬧事嗎？又有誰會反對警方嚴格執法呢？然而，執法真能反映我們內心的信念嗎？再三思考後，你還會將社區責任擺第一，個人責任其次嗎？或者開始考慮其他價值觀是不是更能解決公共場合醉酒問題，例如透過教育鼓勵大家負起個人責任，如此一來，就不用麻煩已經很忙的警察先生分神處理醉鬼了。

辨認個人價值觀偏好的第一步，即是針對某議題可能產生的結論，退一步思考其背後是否隱含各種價值觀。每個議題的解答都不只一個，而是有許多可能。我們追求的是最符合個人信念的答案。現在回頭來看先前提過的一個議題：

我們應該推動毒品合法化嗎？

如想針對此題目寫評論或擬講稿，一定不會只回答「是」或「不是」，而是會提出理由來佐證你的見解。我們不只希望自身答案能符合個人價值觀，也希望答案背後的理由可與價值觀一致。做出結論之前，務必檢視多元答案背後的理由。請記住，即使是Yes／No疑問句，每個答案都有許多可能的因素。接著再看一次先前所下的結論：

消遣性用藥應該合法化。

此結論隱含何種價值觀？再次重申，此主張崇尚的是社區責任凌駕於個人責任之上。相信個人責任至上的人，就不會希望由政府來決定民眾的用藥

習慣，而是應由人民自己決定。此句的價值觀假設（value assumption）是政府責任比個人責任更值得信賴（請注意，這裡的價值觀偏好與警方應嚴格執法取締公共場合醉酒的例子類似。政府與個人責任之間會不斷發生價值觀衝突）。

接著來看上例的理由：

理由A：這種藥物引發太多街頭暴力事件與其他類型的犯罪。

本章先前提過，此理由的主要價值觀崇尚公共安全。在你決定信與不信之前，請先看看另一個可能隱含的理由與價值觀：

理由B：消遣性用藥不能合法化。若無法律制裁，人民行事就不會考慮真正對自己有益的事。

價值觀：家長式統治（paternalism）

理由C：消遣性用藥不能合法化。嗑藥會嚴重傷害嗑藥者本人與家庭的身心。

價值觀：健康

理由C還能加上一些補充說明，例如嗑藥造成的身心傷害醫療成本高達數百萬美元（為論述增加了一個新的價值觀——財政責任〔fiscal responsibility〕）。

所有理由都隱含不同的價值觀。我們認為何者比較有價值：公共安全、家長式統治、健康，還是財政責任？何者對我們來說更為重要？是否具備能（不能）引起共鳴的隱形價值觀？與此同時，也請考量自己支持的結論與理由、蘊含了哪些可能性，讓我們得以認識自身的價值觀假設，然後再做出最能反映個人信念的選擇，包括結論與理由。

這還不是全部。儘管接受所有特定論述都有我們偏好的價值觀，但隨論述內容的不同，我們的價值觀也有可能改變。比方說，我們贊成人民應有促使藥物合法化的自由，若主題換成墮胎合法化，就可能急踩煞車、態度一百八十度大轉變。

最重要的一點或許是，認識結論背後的價值觀，讓我們有機會知道自己如何看待世界的本質。相信家長式統治比個人責任更重要的人，很有可能處於任人們自行決定與支配、自生自滅的環境，因此人們往往不會採取對社會或自己最好的作為。這種隱形價值觀假設，造成人民寧願將決定權交給權

威，由權威來制訂規則防止個人危害自己或他人。因此，如果我們能深入了解價值觀偏好，就能更加了解自己是什麼樣的人。

找出支持理由與結論背後的隱形價值觀、決定立場後，務必小心我們在論述過程中可能產生的描述性假設。切記，描述性假設是指我們對這世界過去、現在或未來的面貌，所懷有的信念。

為了成功找出寫作或口說內容的種種假設，我們應自問兩個問題：「連結A理由與B結論時，我們認為理所當然的常識是什麼？」「雖然這個理由有效，但結論有沒有可能無效呢？」

下面這個結論，有助於幫助各位釐清相對微妙的觀念：

說服學生相信閱讀有趣又好玩，是提升閱讀流暢度必要的第一步。

這句話的理由（提升閱讀流暢度是必要的）支持結論（我們應該說服學生相信閱讀有趣又好玩）。描述性假設則是：閱讀流暢度是我們偏好的結果。我們會不會更偏好看到其他結果？那麼「豐富心靈」這個結果怎麼樣？如果我們企盼的是透過教學生閱讀來豐富他們的心靈，還需要強調並說服學生相信閱讀有趣又好玩嗎？這麼一來，結論要怎麼改呢？或許可以改寫成：

我們應該說服學生相信閱讀艱難又充滿挑戰，但這是想要豐富心靈唯一的途徑。這個主張也包含假設（例如：唯有透過挑戰才能豐富心靈）。然而，重點在於如果我們不贊同這個描述性假設，此論述就形同廢話。因此，我們必須先力求知道自己對於世界的假設是什麼，再來決定自己想在寫作、口說中支持什麼樣的結論。

最後，筆者在寫作與說話過程中發現，跟與目標受眾分享你個人的隱形價值觀與描述性假設，幫助頗大。如果提醒受眾我們的結論隱含何種價值觀，就能說服他們接受的話，清楚分辨並找出隱形價值觀就勢在必行了。

面對難纏複雜的題目時，建議可將分辨價值觀與描述性假設的步驟重點條列後，融入寫作、口說流程一起執行：

一、檢視欲討論議題可能的結論背後，具有哪些價值觀假設。

二、選出最符合自身價值觀的結論。

三、選好結論後，找出各種可能的支持理由，以及其背後隱含哪些價值觀假設。

四、根據上下文，選出最符合我們選定與偏好結論的理由。

五、若步驟四不成功，回到步驟一重新檢視可能的結論。

發掘描述性假設的線索：

1. 時時將結論和理由之間的缺口放在心上。

2. 尋找支持理由的觀念。

3. 認同反對立場。

4. 更深入了解議題。

Q 批判性問題：價值觀與描述性假設是什麼？

在以下三篇文章中，找出作者的重要假設。記住要先確定結論和理由。

短文1

外出或參加派對時，大學生必須更加注重安全。對許多學生而言，大學生活最讓人期待的就是參加派對的新鮮感，既可認識新朋友、喝酒也不受父母和校方監控。然而，只在乎自由和玩樂往往使自己身陷險境，如飲酒過量、遭遇鬥毆或性侵。最好的方式是確保學生在享受大學生活時，也能注意自身安全。

短文2

由於霸凌新生和派對不斷的負面形象，大學兄弟會和姐妹會飽受批評。然而，這類團體亦有讓人認真考慮加入的優點。例如，你可能在此結識真正的兄弟姐妹、並成為一生的好友。附帶好處也包括拓展人脈。畢業後在尋找工作時，多數人會發現未來並非取決於你的專長、而是人脈。加入兄弟會和

姐妹會讓你得以接觸為數眾多的專業人士。由於經常舉辦餐會和派對，入會的另一個主要優勢是有機會主導活動、提升職場競爭力。最後，加入兄弟會和姐妹會是享受社交生活、結交眾多好友的大好機會。大學生活不該只有上課和學習，而是應該成為你人生中最棒的時光。

短文 3

線上教學儼然成為教室之外的熱門選擇。線上教學的確有其優點，然而弊大於利。舉例來說，傳統教學提供孩子彼此互動的環境，若接受線上教學，將錯失這樣的機會。這些互動對孩童發展有形成反社會人格及被孤立的風險。若能接受多位教師指導，學童將從每位教師身上接收不同的觀點。比起電腦螢幕上的程式，傳統教學提供了更好的環境，由不同的老師帶領學童找到學習的熱忱。

此外，接受線上教學的孩童也無法和不同的教師建立互動關係。若沒有和他人建立連結，將有影響，和他們上的課程同樣重要。

説明以上各論述的假設時，只列出我們認為最重要的一些假設。

短文 1

結論：外出或參加派對時，大學生必須更加注重安全。

理由：盡情享受派對和酒精，往往使自己身陷險境。

這裡所強調的理由是派對和酒精的負面結果。可知與此論述相關的價值衝突是選擇自由、刺激或安全。當然，或許有人會強力反對，認為追求刺激和自由是進入大學的最好理由。本文中安全勝於一切的價值偏好，連結了理由與結論。

大多數的指示性爭議都牽涉到一個以上的價值衝突。在本例中，還須在理性與隨心所欲之間權衡輕重。

短文 2

結論：大學生應該考慮加入兄弟會或姐妹會。

理由：

1 加入後學生彼此能建立密切的關係。

2 彼此間的互動形成人際網，有助於將來尋找工作。

3 可在兄弟會和姐妹會的活動中培養領導能力。

4 兄弟會和姐妹會促進了愉快的社交生活。

是什麼連結了理由和結論？這些理由可能正確、但不支持結論嗎？價值偏好是不可或缺的連結。此處假設的價值偏好，亦即「歸屬感和樂趣比自我約束和學業成就重要」，連結了理由與結論。此外，還有一個具爭議的描述性假設，也使理由與結論產生關聯：兄弟會帶來的好處，無法由校內其他社團或團體取代。有什麼能讓我們看清事實的必要觀點，被我們忽略了嗎？唯有在雇主將參加兄弟會或姐妹會視為加分經歷的情況下，第一個理由才正確。例如，許多雇主可能傾向將這份經歷視為不夠獨立，缺乏認真的態度以及動力。

6

推理有無謬誤？

本章學習目標

1 衡量既有假設，練習找出謬誤

2 認識重大的邏輯謬誤

到目前為止，你只接受作者或說話者給你的素材，將之組合成有意義的整體結構。你已經學會捨棄無關緊要的部分，以及如何發掘把相關的部分緊緊連結的「隱形黏膠」、也就是假設。所有這些東西，都是靠提出批判性問題得來的。讓我們複習一下以下問題：

一、議題和結論是什麼？

二、理由是什麼？

三、哪些字詞或措辭曖昧不明？

四、價值觀衝突和描述性假設是什麼？

問這些問題，能讓你明瞭溝通者的推理，並且察覺論述中什麼地方強、什麼地方弱。現在你的主要問題是：「以所提供的理由來看，結論的可接受度如何？」現在我們準備將重心放在評估上。請記住：批判性閱讀和傾聽的目的，是判斷結論的可接受度或價值。回答前面四個問題，是展開評估程序的必要起步。現在我們要問的問題，必須對推理的價值或品質作出更直接和更明確的判斷。任務是區分「假金」（fool's gold）和「真金」（genuine gold）。我們希望把最好的理由挑出來，慎重處理。

評估程序的這個階段，第一步是檢視推理結構，確定溝通者是不是用了有問題的假設，或者透過邏輯上的錯誤或其他欺人的推理形式「愚弄」你。第五章的重點在於找出、思考假

156

設的本質。本章強調的是推理上的「詭計」，也就是所謂的謬誤（fallacies）。我們以「○○的謬誤」來稱呼這些鬆散馬虎的假設，因為這種有害的假設太過普遍，為了幫助各位快速了解，才決定分門別類命名之。

發掘這些詭計，可以防止我們受到不當影響。接著來看看推理謬誤的實例：

呢？

貴報支持史賓德參議員的加稅主張——增加本州可用於改善道路的稅收，令我驚訝不已。史賓德參議員當然贊成加稅。對於主張課稅來花的自由派，還能期望什麼

主編，您好：

這封信乍看之下，好像提出了「理由」，引用那位參議員的自由派色彩來反對加稅議案。但是這個理由和結論「無關」。問題在於加稅的想法好不好。這封信的作者，對參議員持有的理由置之不理，也沒有提出反對加稅的明確理由，而是對參議員做出人身攻擊。此外，給人扣上「課稅來花的自由派」的帽子，目的是訴諸讀者的情緒，引我們分心，不去注意基本的議題。這位作者犯了推理上的謬誤——發表人身攻擊的論述。同時，亂扣帽子和許多謬誤一樣，是以惡劣的手法訴諸讀者的情緒。本章將帶你練習如何確認這種謬誤。

Q 批判性問題：推理有無任何謬誤？

Attention!
謬誤是一種推理「詭計」，作者可能用來說服你接受他的結論。

以發問法找出推理上的謬誤

推理謬誤有許多類型，可以用不同的方式加以歸納整理。其中不少謬誤十分常見，甚至有正式的名稱。你可以在無數教科書和網站上找到一長串謬誤清單。幸好，不必知道所有常見的謬誤和名稱，只要問對問題，也能找到推理謬誤。

因此，我們使用的策略，是強調自問法，而不是要你背誦一長串謬誤清單。但是我們相信，認識最常見的謬誤，可以提高你對那些謬誤的敏感度，也可作為一種語言「捷徑」，方便你將自己對推理謬誤的反應，和熟悉那些名稱的人溝通。因此，在我們找到似是而非的推

158

理流程時，會把謬誤的名稱告訴你，也鼓勵你熟悉本章後面列出的常見謬誤。

我們已經利用前述投書報社的例子，介紹了一種常見的謬誤。我們注意到：寫信的人對史賓德參議員進行了人身攻擊，而不是回應參議員所提出來的理由。此例說明的就是「人身攻擊」的謬誤（ad hominem fallacy）。ad hominem是拉丁語，意思是「反對或抨擊某人」。

我們之所以主張「人身攻擊」是一種謬誤，因為提出論述者的個性、外表和態度與論述內容的品質不相干；這裡攻擊的是「送信者」，而沒有討論訊息的內容。

以下舉出關於「人身攻擊」的簡短例子：

珊蒂：「我認為參加婦女聯誼會浪費時間和金錢。」

茉莉：「妳當然會這麼說，因為沒有半個婦女聯誼會接受妳的入會申請。」

珊蒂：「妳對我提出來的立場論述有什麼看法嗎？」

茉莉：「那些理由不算數。妳只是輸不起罷了。」

Fallacy!

人身攻擊的謬誤：抨擊或侮辱一個人，而不是就事論事，直接論及那個人提出的理由。

以評估假設為起點 ●

為了讓各位知道找出錯誤假設是認清邏輯謬誤的好方法，請看所謂「敘事謬誤」（narrative fallacy）的例子。

眾所周知，某些警察單位逮捕非裔美國人時，特別容易弄出人命。現在我們看到的影片上，有輛警車正在追逐一部超速車輛。隨著影片播放，我們發現被追的車靠邊停了，警察逼近、掏出手槍射殺了那位非裔駕駛。各位都看到電視上這段畫面了。

人類很會說故事。觀察一連串事件時，我們容易把點串成線、連成一個故事。我們不只想知道發生了什麼事，也會立刻開始編造故事，用以解釋真實發生的事件。腦中浮現的第一個「看似有理」的故事，通常就能讓我們志得意滿、自認全盤掌握事件始末。我們都相信「上文所敘述的執法人員，只不過又是一個罔顧非裔美國人人權的壞警察罷了」。我們認為自己說的故事正確無誤，完整交代一切。

然而，請注意，我們對這起真實發生的事件知之甚少。我們並不知道那個飛車逃逸的駕駛其實是手持槍械的強盜。上文呈現的事實，並沒有說明警察走近停在路邊的逃逸車輛時，

到底看到了什麼。我們也不了解此地的警方執法文化，無從得知當地警方有無歧視有色人種的紀錄。

我們做出錯誤的判斷，以為自己說的故事可以解釋一連串事實，敘事內容「足以」解釋每個事實之間的關係。

Fallacy!

敘事謬誤：誤以為可以透過說故事的方式，解釋一連串發生的事實，並以為自己了解每件事實之間的連結。

接著我們將逐一引領各位演練，以了解其他常見的謬誤。一旦你知道怎麼觀察分析，就能找出最多謬誤。

為了說明可透過評估各種假設、認清許多謬誤的過程，我們來檢視下篇文章的推理品質，並從組織架構開始：

這項法案涉及的問題，其實不是喝酒會不會傷身的問題。相反地，這是國會是否同意讓聯邦通訊委員會（Federal Communications Commission，FCC）任意發布決

定，禁止在電台與電視播放酒類廣告的問題。如果我們應該准許FCC對酒類採取

這種行動，又該如何防止其明年認定食用糖果有害公眾健康，因為會導致肥胖、蛀

牙等健康問題？牛奶和蛋呢？牛奶和蛋的飽和動物脂肪含量太高，無疑會增加血液

中的膽固醇，許多心臟專家相信這是造成心臟疾病的原因之一。我們願意允許

FCC禁止牛奶、蛋、奶油、冰淇淋的電視廣告嗎？而且我們都知道，無論聯邦政

府採取的行動有多強烈，也無法完全有效杜絕酒類消費。如果人們想喝酒精飲料，

他們總有辦法得償所願。

結論：FCC不該禁止電台或電視播出酒類廣告。

理由：

1. 如果我們准許FCC禁止電台或電視播出酒類廣告，過不了多久，FCC又會禁止更多產品的廣告，因為許多產品都可能危害健康。

2. 聯邦政府的行動無法完全杜絕酒類消費。

首先我們應該注意到，兩個理由都指出禁止廣告將產生相當明顯的壞處——這是好的開始。

但是第一個理由的可接受性，取決於一個隱形假設：此例一開，類似的案例必將層出不窮。我們不能同意這個假設，因為我們相信，法律制度設有層層關卡，能夠防止不正當的行

動。因此，我們判斷這個理由無法令人接受。這種推理屬於「滑坡」（slippery slope）謬誤。

Fallacy!
滑坡謬誤：假設同意某項行動之後，將引起一連串不好的事情發生、一發不可收拾。

第二個理由也有問題。即使此理由正確，連結理由到結論的假設卻是錯的——禁止在電台和電視上播出酒類廣告的主要目的：完全杜絕酒類消費。因此我們拒絕這個理由，並稱之為「追尋完美解決方案」（searching for perfect solutions）謬誤。這種謬誤的形式如下：X的解決方案不值得我們支持，除非它能完全解決問題；要是找得到完美的解決方案，我們就應該採用，否則就該棄之不理。其實若試用某個解決方案之後，還有部分問題存在，也不表示採用這個解決方案是不智之舉。有時採行某一解決方案，可能比完全不予處理要好。也許我們會因此更接近完全解決問題。

為了等候完美解決方案出現，我們可能動彈不得，什麼事情也不能做。這種謬誤的另一個例子是：裝置家用保全系統只是在浪費金錢。如果小偷真想侵入你家，絕對有機可乘，不管安裝哪一家保全系統都一樣。

常見的推理謬誤 •

現在要請各位練習看看，目的是發現更多常見的謬誤。做每一道練習時，試著運用上面列出的謬誤尋找線索。一旦養成良好的謬誤偵察習慣，就能找到大部分的謬誤。每一道練習題都有若干推理謬誤。我們會說明認為推理有謬誤的原因，並告知謬誤的名稱、加以定義。

練習 A

目前正宜開放飽受長期嚴重疼痛之苦的人選用大麻。當社會就某種藥物的價值取得共識，我們就應該批准使用該藥物。現在，開放使用大麻顯然已有共識。最近一項民調指出，七三％的人贊成應該開放醫療用大麻。此外，加州愛滋病患治療協會

164

（California Association for the Treatment of AIDS Victims）亦支持以大麻作為愛滋病患的治療方式之一。

分析謬誤的第一步，必須整理以下要點：

結論：應將吸食大麻視為一種醫療用途。

理由：

1 當我們就某種藥物的醫療價值取得共識，就應該批准使用該藥物。最近一項調查顯示，贊成開放醫療用大麻已有共識。

2 加州某協會支持使用醫療用大麻。

我們經常產生一種錯誤假設：如果某樣東西很流行，一定就是好的。一般大眾往往沒有充分研究某個問題，無法作出合乎理性的判斷。作者或說話者訴諸民意或一般人的情緒時，一定要小心注意。我們將這種推理錯誤稱為「訴諸群眾」（appeal to popularity）謬誤。

現在，仔細檢視作者的第二個理由。他作了什麼樣的假設？為了證明醫療用大麻有其可取之處，他「訴諸可疑的權威專家」──加州某協會。有權威專家的支持，不表示你的觀點很好。決定推理合理與否時，真正該驗證的是權威專家做出判斷時舉出的證據。除非這些權威專家具備某議題的專業知識，否則就應視為謬誤。這種謬誤稱為「訴諸可疑權威」（appeal to questionable authority）。

再看和另一個爭議有關的論述。爭議內容為：國會應該批准由聯邦政府出資推行兒童發展計畫，設立托兒所嗎？

練習 B

我反對政府的兒童發展計畫。首先，我主張保護這個國家的兒童。他們需要受到保護，不被社會規畫師（social planner）和自以為是的理論家破壞正常生活，甚至被迫離開父母和家庭，淪為全國一體適用計畫的人質。此計畫的目的是創造所謂二十年無限的幸福，但兒童應該在父母身邊長大成人，而不是跟著一群照護人或保母學習。現在要探討的問題是，父母是不是仍然有權塑造子女的品格，或者具公權力的國家應透過各種工具和技術來培養下一代。

以下先整理出這篇論述的要點：

結論：我反對政府的兒童發展計畫。

理由：

1 我們的子女需要受保護，不被社會規畫師和自以為是的理論家干擾正常的生活，並被迫離開家庭。

2 有權培養子女品格的人應該是父母，不是國家。

身為批判思考者，我們應該尋找這個計畫的明確事實資料。你有找到第一個理由的任何

ch.6 推理有無謬誤？ / 167

明確細節嗎？沒有，這個理由充滿未經定義和情緒激昂的泛泛之論。作者使出亂扣帽子和訴諸閱聽人情緒的手段，用充滿情緒性的負面字眼使閱聽人分心，不去注意事實。

在面對很多情況時，訴諸情緒反應並沒有錯。看到醫院被炸彈攻擊而完全沒有情緒，實屬違反人性。知道有數千名女性淪為性奴、卻還努力壓抑悲傷或憤怒的情緒，著實逼人太甚。同樣地，拿出理由與證據設法說服他人產生某種情感反應，也沒有錯。

但是，以訴諸情緒為基礎來建構論述，卻是邏輯上的詭計。練習B的作者為了鼓動讀者反對政府的兒童發展計畫，使出了兩種常見的邏輯詭計。首先，作者透過用字遣詞來訴諸情緒，希望能觸動我們的感情，進而同意她的結論。當溝通者尋求支持的方法是激發人們情緒反應，而不是提出合理證據時，就犯了「訴諸情緒」謬誤，此謬誤常見於三種場域：廣告、政治辯論以及法院。

其次，作者刻意攻擊不存在的事，把反對立場延伸到「容易攻擊的目標」，讓我們很容

168

易就被拉攏。這個例子的錯誤假設是，以為遭到抨擊的立場和國會實際採取的立場相同。對批判思考者來說，從這裡得到的教訓是：當某人抨擊某個立場的某些層面，一定要查證他是否公正地描述了那個立場。如果沒有，那麼你就找到「稻草人」（straw person）謬誤了。

稻草人不是真實的東西，而且很容易被擊倒——當某人犯下「稻草人」謬誤，他的立場非常容易不攻自破。探討作者是否公平地陳述某個立場，最好的方式是蒐集所有立場的事實資料。

再來仔細探討第二個理由。作者表示，若非父母有權培養孩子的品格，就應該把決定權交給國家。且看小甜甜布蘭妮（Britney Spears）在《馬戲團》（Circus）的歌詞：「世上只有兩種人：一種懂得自娛自樂，一種懂得察言觀色。」

這樣的陳述如要正確，我們必須假設只能二選一。真是這樣嗎？當然不是！作者製造了一個假困境。難道不可能在兒童發展計畫存在的同時，家庭也對孩童發揮影響力嗎？爭論性

ch.6 推理有無謬誤？　169

議題被視為只有兩個選擇的時候，請務必審慎面對。選擇往往多於兩個。當作者或說話者將議題簡化為只有兩個選擇時，這種錯誤稱為「二選一」（either-or）或「假困境」（false dilemma）謬誤。尋找「二選一」謬誤時，可以留意下述措辭：

- 不是……就是……（either...or）
- 唯一的備案是……（the only alternative is）
- 兩個選擇是……（the two choices are）
- 由於A行不通，只好選B（because A has not worked, only B will）

看到這些措辭，不見得表示你已經找到謬誤。有時候的確只有兩個選擇。這些措辭只是個警訊，提醒你停下來思考：「這個議題是不是有兩個以上的選擇？」

請嘗試辨認下述對話中的假困境謬誤：

公民：我認為美國決定攻擊伊拉克是天大的錯誤。

政客：你為什麼痛恨美國？

在我們尋求解釋時，經常會碰到的推理謬誤，和另一種混淆有關。底下這段大學室友間的對話說明了這種混淆感：

凱文：我一點也不覺得奇怪。他本來就是爛人。

丹：我注意到恰克最近的行為很怪異。對待別人的舉止態度很粗魯，把我們的宿舍搞得又髒又亂，還拒絕打掃。你覺得他是怎麼了？

「解釋」時，需要分析為什麼某件事會發生。解釋是件費力的工作，經常試探我們已知事物的界限。上例中的「爛人」一詞，絲毫沒有對恰克的行為做出令人滿意的解釋。當別人要求解釋時，我們往往忍不住替已經發生的事貼上標籤、或為它命名，藉以掩飾自己的無知。接著我們會假設由於曉得名稱，所以我們知道原因。

我們這麼做，是因為命名可以哄騙我們相信，某人擁有某種特質、是什麼樣的人，才會出現某種行徑。舉例來說，我們不去探討導致某人發怒的各種內外複雜因素，例如親子關

係、睡眠不足、生活壓力等，只給這個人貼上標籤，說他「脾氣壞」又不好相處。這種解釋過度簡化事實，也妨礙我們深入了解實情。以下例子應能讓各位提高警覺，避免犯下這種謬誤：

1 看到父親酗酒，成年的女兒問母親：「爸最近怎麼這麼奇怪？」母親答道：
　「他有中年危機。」

2 有位朋友總是擔心別人在議論自己。你向一位心理學家詢問原因，對方答道：
　「他太偏執了。」

回答問題的兩人，對於實際的狀況，都沒有提出令人滿意的解釋。比方說，父親的遺傳因子、工作壓力、婚姻緊張、運動習慣，都可以解釋父親酗酒的理由。「中年危機」不只不恰當，還會造成誤導。我們因此誤以為知道父親為什麼喝那麼多酒，其實不然，我們根本不知道原因為何。當別人宣稱他們找到行為的原因，實際上不過是為它取個名稱時，就該提防這種錯誤。

根據以往經驗，我們都知道過去的行為，最能準確預測未來的行為。有時我們會犯下推理謬誤，得歸因於儘管有一百個值得相信的理由擺在眼前，我們仍然相信過去的行為沒有參考價值，結果產生了太過樂觀的偏誤，這就是所謂的「計畫謬誤」（planning fallacy）。例如在報告的交期前延後了交稿時間，儘管心知肚明不論延多少次，一樣無法如期交稿。而公司組織也常低估完成專案所需的時間。這種計畫謬誤可說是「一廂情願」的特殊產物，讓人容易做出過於樂觀的評估，對專案結果有著不切實際的預期。

轉移注意力的手法●

尋找謬誤的時候，請特別留意有些溝通者使用的推理，目的是轉移你的注意力、忽略最關鍵的理由。留意這種推理方式對你有幫助。比方說，「亂扣帽子」和「人身攻擊」謬誤會轉移我們的注意力，只關心某個人的特質，而不去看理由是否合理。本節將提供一些練習，說明如果我們提問：「作者是不是以轉移注意力的方式誤導我們？」就可以發現其他的謬誤。

練習 C

【競選演說】在即將到來的選舉中，你有機會選出代表這個偉大國家未來的女性。她為捍衛民主和我們的國旗而戰，為人果斷、自信又有勇氣，努力追求美國夢。她極富愛心，關心我們的孩子和環境，並曾協助這個國家邁向和平、繁榮和自由。請投這位善良天使一票，你的一票代表真理、願景和常識。

演說中的善良天使看來是個很棒的人吧？但是論述中並沒有提及這位女性參議員從政的任何細節以及政見立場，只是用一連串歌功頌德的字詞，企圖撥動選民內心深處的正面情

感。我們稱這些歌功頌德的字詞為「光彩奪目的泛泛之論」（glittering generalities），因為它們都是展現積極光明面的空泛之談，可以根據讀者的願望而代表任何意思。「光彩奪目的泛泛之論」引導我們認可或接受某個結論，卻不去檢視相關理由、證據或明確的優缺點。

「光彩奪目的泛泛之論」和「亂扣帽子」的手法相同，因為「亂扣帽子」是希望我們不必檢視證據，就做出負面的判斷。運用歌功頌德的詞彙，是政治人物常用的一種手法，用來轉移閱聽人的注意力，而不去看容易引發爭議的特定行為或政策。

接著，我們來談另一種十分常見的轉移注意力手法：

練習D

我不懂人們為什麼要對藥廠如此憤怒？它們只不過捏造了研究數據，降低了止痛藥傷害人體健康的實際危險而已。吃這些藥沒那麼糟，畢竟，每天都有成千上萬的人

服用止痛藥，而且真的解除了疼痛！

真正的議題是什麼？不就是「止痛藥的安全性遭到誤導」嗎？但是如果讀者不夠小心，就會轉而注意「應不應該使用止痛藥」的議題。當作者或說話者將我們的注意力從原來的議題移開，就是顧左右而言他（red herring）。許多人都擅長「顧左右而言他」謬誤，如以下例子所述：

媽媽：「妳和男友出門為何不老實說？」

女兒：「妳老是找我的麻煩。」

如果女兒的技倆得逞，議題就會轉移到媽媽是不是又在找女兒的麻煩，而不是為什麼女兒晚回家。只要你把真正的議題，以及需要哪一類證據來解決牢記在心，要找到顧左右而言他謬誤通常不難。

176

這種推理是錯的，因為只是改變討論的話題，很難被看成是主張某件事的論述。

以靈巧的手法來迴避問題 ●

最後一種謬誤，騙人的手法尤其高明。有些時候，結論缺乏支持，只是改變用字遣詞，以欺騙那些一時不察的人。比方說，主張輟學是不可取的行為，因為那不是好事，這種說法，說了等於沒說。這種主張是用結論（遣詞用字不同）來「證明」結論，一味迴避問題，而沒有回答。我們來看一個較不明顯的例子：

根據學習效果來看，傳統教科書顯然優於電子教科書，因為所有教材都包含在教科

書內，相當有利於學習。

同樣地，支持結論的理由，是用不同的詞彙把結論再說一遍。依據定義，傳統紙本書可讓讀者以教科書格式來閱讀。作者主張這種方式比較好，理由只有一個：就是比較好。合理的理由應該是指出傳統紙本教科書的明確優點，如保留了更大量的學習資料。

推理時不思考如何證明結論，而只顧假設結論成立，就是在迴避問題。請把論述的結構大綱條列出來，而且一定要仔細觀察其理由，確定理由不是只用不同的詞彙，並把結論說一遍，確定作者或說話者沒有拿結論來證明理由。

Fallacy!
迴避問題謬誤：在推理中假設結論成立的論述。

178

找到一個謬誤之後，你就有合理的依據，拒絕接受某個論述。但是基於建設性的批判思考精神，你必須繼續討論該議題。遺憾的是，一本書或一篇文章的作者並不在眼前，沒辦法和你繼續交談。但在口語交談時，遇到謬誤發生，要想繼續談下去，最好的方法是問犯下謬誤的那個人，能不能找到更好的理由來支持結論。比方說，如果發生了「顧左右而言他」謬誤，不妨請教對方，能不能重回原來的議題。

推理錯誤的摘要 ●

前面利用許多練習，說明推理錯誤的各種可能方式。我們並沒有談到所有的推理錯誤，但這已是一個好的開始。其他謬誤留待其餘各章討論，因為專心研讀各章的特殊問題時，你很有可能自行發現。每多找到一種謬誤，請務必加進你的謬誤清單。

擴大對謬誤的認識 ●

建議各位可以多看其他相關教科書和網站，增加對推理謬誤的認識。哲學教授戴默（Edward Damer）的《擊潰錯誤推理》（*Attacking Faulty Reasoning*）是絕佳的參考書，可幫助讀者深入了解推理謬誤。

確認和評估推理謬誤的線索

若對方有下列行為，你就應該拒絕他的推理：

- 攻擊一個人或他的背景，而不是針對他的觀念就事論事
- 編造合乎情理的故事來混淆視聽
- 利用滑坡推理
- 想要尋找完美的解決方案
- 不當地引用一般人的意見
- 引用有問題的權威專家的意見
- 訴諸情緒
- 攻擊稻草人
- 製造假困境
- 以命名來解釋
- 轉移注意力到正題以外的事
- 以光彩奪目的泛泛之論讓人分心
- 迴避問題
- 開始顧左右而言他

Q 批判性問題：推理有無任何謬誤？

試著從以下三道練習題，找出推理謬誤。

短文1

近來，美國各州先後承認同性婚姻，顯見同性議題已干預了議程，並促使立法機關承認其合法性。自由派媒體的推波助瀾也是原因之一。相關法律破壞了這個偉大國家的道德傳統。

然而，仍有些政治人物不隨波逐流，認為同性婚姻牴觸了美國的傳統和價值觀。美國若承認同性婚姻，則距離承認其他於傳統不合的關係形態，如一夫多妻、亂倫，也為期不遠。婚姻向來是一男一女結合的神聖制度，應該加以維護，否則將導致美國人的道德淪喪。

短文2

在大學兄弟會派對上發生的零星鬥毆及性侵案引發過度關注，連帶使得媒體對主辦者的報導有失公允。白痴才會禁止校內的兄弟會派對。反對的聲

音大部分都來自所謂的邊緣人，這些人本身就討厭派對。我自己就辦過好幾次供應酒精飲料的兄弟會派對，也沒出過狀況。顯然，禁止或限制校內的兄弟會派對是沒有意義的。我也曾看過校外非兄弟會舉辦的派對發生了傷害事件。一旦校方禁止兄弟會派對，下一步就是禁止校內所有供應酒精的社交活動。

短文 3

比爾：意在摧毀美國的恐怖分子，凡是收留他們的國家，都應該視為美國之敵。任何拒絕交出恐怖分子到美國接受司法審判的國家，顯然站在恐怖分子那一邊。這種行為，表示那些國家的領導人，無意見到恐怖分子接受審判，而比較關心藏匿殺人兇手、強暴犯、盜賊、反民主分子。

泰勒：我覺得，有親人在中央情報局（CIA）工作的人，都會講這種話。但是我認為，一旦你開始把政策和美國相左的國家貼上敵人的標籤，總有一天，幾乎所有國家都會是我們的敵人，我們將沒有朋友。

短文 1

結論：同性婚姻是錯誤的，不該合法。

理由：

1 同性婚姻近來的合法化，是外界干預立法（outside agenda）的結果。

2 同性婚姻對美國的道德觀具有負面影響。

3 承認同性婚姻，等於承認其他於傳統不合的關係形態。

4 婚姻向來是一男一女結合的神聖制度，應該加以維護。

一開始，作者就抨擊承認同性婚姻的州立法機關，而不是直接進入論述。他宣稱承認同性婚姻的州數增加，是外界干預立法的結果，卻沒有研究、分析立法機關的運作。作者質疑立法機關依民意行事、甚至被媒體操控，這是典型的「人身攻擊謬誤」。

第二個理由犯了「訴諸情緒」謬誤，作者試圖讓讀者認為，美國的道德「傳統」是在同性婚姻威脅之下，最應該被守護的事物。

第三個理由則犯了「訴諸可疑權威」的謬誤。只因特定政治人物不贊同同性婚姻，不代表讀者也應該這樣做。尤其，作者並未提供這些政治人物用

來支持本身觀點的任何論述或證據。

作者主張，承認同性婚姻，將導致其他於傳統不合的關係形態的合法化，這屬於「滑坡謬誤」。同性婚姻合法並不會自動擴及其他形態的關係。

最後的理由則製造了一個假困境——除非把同性婚姻擋在門外，美國大眾的道德將會淪喪。但即使禁止同婚，不也有道德淪喪的人？難道沒有其它的角色，如父母、家庭和學校，可以灌輸正確的道德觀念？

短文 2

結論：校內的兄弟會派對不該被禁止。

理由：

1 禁止的訴求源於公眾對少數事件的過度反應。

2 多數抱怨都來自所謂的邊緣人。

3 一位兄弟會成員曾經舉辦供應酒精的派對，沒有任何狀況發生。

4 禁止校內的兄弟會派對無法解決所有問題；傷害事件和安全問題在非兄弟會舉辦的派對上仍會發生。

5 禁止兄弟會派對將導致校內所有供應酒精的社交活動被一併禁止。

184

文章一開始就批評「要求禁止兄弟會派對」這一方的人格，卻沒有提出任論述，犯了「人身攻擊」和「謾罵中傷」兩大謬誤。文中第三個理由犯了「一廂情願」的謬誤，而第四個理由屬於「追尋完美解決方案」的謬誤。最後一個理由則可看出「滑坡謬誤」，很顯然，仍有方法禁止兄弟會派對，而不波及校內所有供應酒精的社交活動。

7 CHAPTER

證據的價值：關於個人經驗、案例、證詞、訴諸權威

本章學習目標

1. 知道如何分辨事實或意見、領略箇中美妙，並能用以評估證據來源

2. 清楚何謂替代證據，知道在決策時扮演的角色與價值

第六章透過探查推理謬誤的方式，在評估說服與被說服的溝通過程中，相信各位已取得長足進步。第七、八章繼續把重點放在評估上，針對各種用以強化推理的證據，學會問對批判性問題。

事實或意見？●

證據越接近事實，且非單純意見抒發之時，越有說服力。換言之，我們都希望結論來自真實世界的論述，不會只是個人觀點，抑或只是天馬行空地猜想自己的論點誠實無欺。簡單來說，所謂證據，始於有系統化地蒐集相關事實。

另一方面，看似來自遙遠地方的事實陳述，連帶也會削弱說服力與正確度。浦瑪麗（Mary Poovey）的經典之作《現代事實的歷史》（*A History of the Modern Fact*，暫譯），解釋得相當清楚。我們對於「事實」的觀念，隨著人類在嶄新脈絡下運用，其形式已歷經多次改變。

請想想事實的細微差異與脈絡之別。以棒球比賽為例，投手投出的是好球或壞球，主要會由主審來決定。但主審的判斷一定對嗎？換做別的主審，會不會有不同的判決？球場上的禁藥與舞弊疑雲，會不會影響主審判決、好球說成壞球？最近引起軒然大波的「球隊經理致

188

電主審事件」，是否左右了主審故意或非故意地判出好壞球？投球內容取決於好球帶範圍的改變嗎？

現在我們至少都知道，所謂的「事實」，如「伊朗有大規模毀滅性武器」與「投手投出好球或壞球」，可信度一樣值得懷疑。

然而，判斷某事實的真偽與可信度的方式之一是透過「可能性」，所有人都一樣。換句話說，事實具有各種不同的「優勢、力度」（strength），擁有各種可能。由於事實本身遠比「真或假」還要複雜，重要性絲毫不會減弱。強大的論述，來自強大的事實。

意見通常與事實相反，也應當如此。人不用花什麼力氣就能輕鬆提供意見。「通心粉比葡萄乾小麥穀片更美味。」「美國企業主比蘇格蘭老闆有常識。」表達意見的同時其實也在告訴對方：「聽著，別問我為什麼這麼說，我只是說出我的意見而已。」

意見或許能夠開啟一段有效的對話，但若是缺乏有邏輯的理由或證據，就只是單純的個人意見抒發而已。

不論是誰，只要提出了值得探討的意見，就應該設法找出有力的理由與證據，讓自我主張趨近真實。

因此，我們該怎麼避免只是單純提供意見，找出有用的「事實主張」呢？事實主張的來源，可靠度不一。於本章與第八章中探討的「來源」所產出的陳述，是根據提出事實主張之人的感知能力，描述我們現居世界的特質。；從這些來源取得的證據，都有可能降低可信度的

潛在問題，身為批判思考者不可不防。

可信賴證據為何必要 ●

評估推理的時候，務必記住，有些事實主張的可信度高於其他事實主張。比方有人說：「大部分美國參議員是男性。」這個說法正確，但若換成「做瑜珈可以降低罹患癌症的風險」，就難以肯定真偽了。

由於很難（並非不可能）證明絕對正確或錯誤，所以我們不問是否正確，而是問是否可信。基本上，我們想問的是：「這個信念可以信賴嗎？」支持某主張的證據品質越好、數量越多，越值得信賴，可稱為「事實」的機率也越高。

190

比如說，現有大量證據表明喬治・華盛頓是美國第一任總統。因此，我們可以將這個主張當成事實。但是像「飲用瓶裝水比自來水更安全」這類陳述，就能找到許多相互矛盾的證據，因此不能將它當成事實。主張究竟會被視為觀點、還是事實，最大的區別在於當下有幾分證據。支持某信念的相關證據越多，該信念會變得更像「事實」。

在判斷溝通內容的說服力之前，需要知道哪些事實主張最可信。如何確定可信度？可以問以下問題：

- 你有什麼證據？
- 你怎麼知道那是正確的？
- 證據在哪裡？
- 你為什麼相信那件事？
- 你確定那是正確的嗎？
- 你能證明嗎？

養成不斷問這些問題的習慣，就很有機會成為一流的批判性思考者。問了這些問題之後，發表論述的人就有責任公開立論的理據為何。但凡希望別人覺得自己論述有參考價值的人，都會毫不遲疑地回答這些問題。他們所宣稱的事情如果夠強，一定會想和你分享他們的

證據，期望你進而接納他們的結論。

當我們經常問這些問題，會注意到許多信念的證據不夠充分，沒辦法佐證支持或駁斥結論。比方說，不少證據支持：每隔一天服用阿司匹靈，可以降低罹患心臟病的機率。但是也有其他一些證據駁斥這種說法。碰到這種情況，我們需要判斷優勢證據（preponderance of evidence）何在，以確定事實主張的可信度。

證據來源 ●

何時應該判斷某事實主張可信？以下是最有可能同意某事實主張的三種情況：

一、主張的內容看起來是毫無爭議的一般常識，例如：「舉重可以增進肌肉發達。」

二、該主張是有效論證得出的結論。

三、有好理由充分支持的主張。

本章談的是第三種狀況。要確定證據的適足性，我們就該問：「證據有多好？」回答這個問題之前，還要先問：「我們所說的證據是什麼意思？」

192

主要證據類型

✓ 個人經驗

✓ 證詞

✓ 訴諸權威

✓ 個人觀察案例

✓ 研究調查

✓ 類比

使用得當的話，每一類證據都會是「好證據」。證據有助於支持作者的主張。就像淘金

客總會仔細檢視，尋找高品質的礦砂，我們想知道：「作者的證據是否充分佐證其主張？」因此，我們評估證據的第一步，是問：「證據有多好？」務必謹記在心：沒有任何證據能像灌籃那樣一擊絕殺，帶來決定性的結果。永遠都要尋找更好的證據；妄想找齊所有的證據只會令人受挫。

本章和下一章將探討針對每一類證據，可以問什麼問題，以幫助我們作決定。本章探討的證據類型是個人經驗、案例、個人證詞與訴諸權威。

以個人經驗為證的危險 ●

下列論述利用某種證據，支持事實主張。

「我的朋友茱蒂每次熬夜準備考試，成績都非常好，所以在明天考完之前，我都不睡了。」

「我每次吃完一大塊巧克力蛋糕後，精神都好很多，所以，我認為憂鬱的人需要多吃巧克力蛋糕。」

兩句話都拿個人經驗當作證據。「我認識一個人，他／她……」和「依個人經驗，我發現……」每當出現這類發言，個人經驗的證據也呼之欲出。由於個人對親身經驗的記憶鮮明，經常援引作為證據，支持某種信念。比方說，你曾經被汽車技師敲竹槓、超收很多服務費，這段經驗很不愉快，導致你相信大部分的汽車技師收費都很貴。

一竿子打翻一條船，可能對，也可能不對，但以這種經驗作為一般性信念的基礎，卻是錯誤的說法。因為單一個人經驗，或甚至個人經驗的累積，不足以成為具代表性的經驗樣本。個人經驗往往引我們犯下「輕率概括」（hasty generalization）謬誤。誤以為單一或數個令人印象深刻的經驗，即可證明會出現某種可能的結果，比方說，你碰到幾個人聲稱出車禍時不繫安全帶反而救了他們一命，但這種經驗無法證明其結果是典型或可能的。所以，聽見自己或他人強調：「根據我的經驗……」務必提高警覺。

以案例為證 ●

某大型大學校長表示：「我校學生畢業後都能找到高薪工作或進入頂尖大學繼續深造。為什麼？去年我們把畢業生瑪莉‧耐斯送進了哈佛法學院。瑪莉在哈佛第一年的成績高居全班前五％。因此，我校學生在頂尖名校也能拿出一流表現。」

人們常用的證據之中，有一種會運用好聽好記的文字或故事，來形塑一個或多個人物與事件，目的當然是為了證實某一結論。觀察或訪談常運用這種敘事風格，形式從深度描述到淺談為止都有，各不相同。我們將這種證據稱為「案例」（case example）。溝通者在說服型簡報的開頭，常會來一段具戲劇張力、活靈活現的故事，企圖對聽眾動之以情。例如，想宣導開車禁用手機，可以巧妙運用悲劇故事：主角邊開車、邊講手機而分神肇事，一群無辜年輕人死於非命。

對我們而言，案例往往頗具說服力，因為內容生動，細節有趣又很有畫面。政治人物在競選演說中越來越愛搬出案例，深諳豐富的細節描述，可以激發聽眾的情感。

當證據是驚人案例時，請提高警覺！

196

在什麼情況下，即使案例稱不上是有力的證據，仍然有用呢？當然有！如同個人經驗一樣，案例的可能性很大，可讓抽象數據變得親切好懂，容易讓人對議題產生共鳴，進而萌生濃厚興趣。

以證詞為證 ●

1. 維修中心牆上留言：「珍完全修好了我愛車漏油的問題。強烈建議各位，愛車引擎有問題的話，找珍就對了。」

2. 這本書感覺很棒。書封上的讀者評語是「一讀就停不下來。」

電視廣告、電影廣告、書衣背後的推薦詞，以及超自然現象等爭議性或異常生活事件存在的「證據」，往往利用特殊的個人經驗，企圖說服我們。它們引用特定個人的話，根據他們的個人經驗，說某個概念或產品是好或壞，或者異常事件已經發生。這些被引用的陳述，是當作個人證詞使用。在選擇大學時，你或許聽過某些大學生出來見證。因此，某人（經常是名人）的證詞是一種個人經驗的陳述，用來支持某產品、比賽或服務的價值，但是這種背

書缺乏必需的訊息，讓我們難以決定受它影響的程度。

這類證據有什麼用處？通常不太管用。大部分情況下，我們不該理會個人證詞，除非對這類證據提到的專長、利益、價值、偏見有更深入的認識。以下和個人證詞有關的問題，都值得特別留意：

● **選擇性**：人們的經驗各異其趣。想要說服我們的人，通常會慎選使用的證詞。我們在書封上最常看到的是「盛讚」，而非最典型的反應。我們一定要問：「我們不認識的那些人，擁有什麼樣的人生經驗？」而且，發表證詞的人，往往都是選擇性注意，他們總是特別關注能證實他們信念的資訊，對於不能證實的資訊，則視而不見。通常我們應該眼見為憑，對我們體驗各種事件的方式，影響很大。如果我們相信身邊就有外星人、人類從未真正登陸月球，我們就比較可能看到「外星人」的模糊影像，或是懷疑登陸月球是政府的陰謀論。

● **個人利益**：用於書籍、電影、電視產品的許多證詞，總是來自可因作證而受益的人。比方說，製藥公司出資贊助醫師的研究，只要他們以該公司藥品作為處方用藥。因此，我們必須問：「發表證詞的人與他們提倡的東西之間，是不是存在某種關係，所以證詞可想而知會有強烈的偏見？」

● **遺漏資訊**：證詞極少提供充分的資訊，作為判斷的基礎。舉例來說，有個朋友鼓吹

以訴諸權威為證 ●

「根據醫生說法，我應該吃抗憂鬱的藥，來幫助自己對抗最近的憂鬱情緒，而且不用擔心副作用。」

講這話的人，是以訴諸權威的方式，為自己的主張辯護。所謂權威，是指對比大多數人都了解某一主題的專家。當溝通者訴諸權威或專家，等於相信那些人能取得常人拿不到的事實資料，而且有足夠的條件根據那些事實資料做出結論。因此，這類型訴求會比證詞更有力度，但仍取決於權威人士的背景。我們每天都會碰到許多訴諸權威的情況，而且別無選擇、只能默默接受，由於人生如此複雜，我們沒時間也沒有相關知識去鑽研與精通不同領域。

你去看某部新片，還盛讚是「史上最好的電影」。這時你應該溫和詢問該片這麼好看的原因。我們的判斷標準，可能和那些大放厥詞的人不同。

● 人的因素：證詞具有說服力的原因之一，在於提出的人熱情又熱心，外表看起來值得信賴、心地善良、老實厚道。這種人讓人不由得「想」相信他們。

影評人：「今年最優秀的十部影片之一。」——瓦萊麗影評，《塔利多報》

談話節目名嘴：「經濟情勢日趨蕭條。」

機構：「美國醫療協會支持這個觀點。」

研究人員：「研究顯示……」

親戚：「我祖父說……」

宗教：「可蘭經指出……」

雜誌：「根據《新聞周刊》報導……」

我們可以從這些管道獲取專家的建議，諸如減肥、變幸福、成為有錢人、降低膽固醇、養育社會適應能力強的孩子、怎樣釣一條大魚等，心願清單要多長有多長。

顯然有些專家的意見更受我們的青睞，適合當作證據。原因在於，有些專家提出觀點時，比其他專家謹慎許多。

但是請記住，由於種種原因，<u>權威的看法往往是錯的</u>。而且，他們的意見經常分歧。下例摘自《專家說》（*The Experts Speak*）一書（出處：Christopher Cerf and Victor Navasky, 1998, Rev. Ed., Villard Books, New York），作者直言不諱地指出，連專家的意見也不見得可靠。

「我想全球大概有五台電腦的市場吧。」——IBM董事長湯瑪斯・華生（Thomas Watson），一九四三年

「錄影帶上市六個月後，不會再有市場。人們很快就會厭倦於每天晚上盯著夾板盒子看。」——戴瑞爾・傑勒克（Darryl F. Zanuck），二十世紀福斯製片（Twentieth Century Fox Studios）主管

從這些話可以看出，溝通者訴諸權威時，我們必須提出批判性問題：「為什麼我們應該相信這位權威？」具體而言，我們應該問下列問題：

就溝通的主題而言，權威人士具備多少專長與學識？比方說，這是否研究此主題很長一段時間？抑或，他在這個主題是否具有廣泛經驗？

權威人士是否關係良好，能透過特殊管道取得相關的事實資料？比方說，他是不是第一手觀察事件，而非依賴第二手資料，所以見解獨到？大體而言，第一手消息人士（直接目睹的觀察者）的可信度，應該高於第二手消息人士（依賴別人提供證據）。舉例來說，《滾石》和 *Wired* 是第二手消息來源，而《美國醫學協會期刊》（*Journal of the American Medical Association*）等研究刊物則是第一手消息來源。

我們有沒有好理由相信權威人士不受「扭曲影響」（distorting influence）？可以影響證據呈現方式的因素，包括個人的需求、預設期望、普世信念、態度、價值觀、理論、意識形

態等。比方說，詢問公立大學校長教育預算減少，對大學有無不利衝擊時，他可能回答「有」，並提出許多好理由。也許他的看法是持平之論。但是由於立場特殊，我們會擔心他是不是找理由來自圓其說。

所謂偏見和成見，指的是對於某件事的好壞，抱持強烈的個人觀感，以致於干擾公正評估的能力。幾乎所有的判斷，都含有造成偏見的諸多因素，所以我們無法期望權威人士抱持完全不偏頗的立場。但是我們可以期待某些權威人士是理性思考的清流，也能根據權威人士是否涉及個人利益，判斷偏見是否存在。例如，某位權威人士可從支持的行動中獲利時，我們就要提高警覺。

不過，我們不能只因懷疑權威人士的個人利益可能干擾公正判斷，而拒絕接受其主張。我們可以探討態度、預設期望、價值觀、利益分歧的權威人士，看法是否一致。此舉幫助很大。因此，我們要問：「這位權威人士是否經常提出可信的主張，而受人尊敬？」

在網路上看到事實主張時，要特別留意權威人士的素質。進入網路時代後，幾乎人人都搖身成為「權威」，因為任何人都可以隨心所欲、愛說什麼就說什麼，而且缺乏客觀的評估程序。這很明顯是「買主小心」的情境！

因為有這麼多網站存在而且幾乎不受管制，必須特別小心其可信度和正確問題。盡力了解網站設立的目的、投稿者的資歷和經驗，以及支持其結論之推理的性質，特別要注意推理結構。檢視這個網站是否與其他有高度信譽的網站結盟和連結。

網路上不可靠的線索還包括貼文不加註日期、網站呈現不專業、主張含糊不清、用詞誇大不實（譬如「永遠」、「從未」）、情緒化、缺乏查證、觀點一面倒、不提重大資料的來源、引述謠傳來充當證據，與出現許多推理的謬誤。最後一個重點，務必到其他網站去尋找相同主題的證據。

使用這個批判性問題

作者或發言者以個人經驗、案例、證詞、訴諸權威作為證據，而你發現有問題時，當然有理由對於結論存疑。曉得這些問題的存在，可以保護你不受假推理所惑。但是，別人希望你考慮的論述，理應用公正持平的態度去面對。他人提供的證據不夠扎實時，不妨建議另提更好的證據。每個論述都該一視同仁，給予反覆驗證的機會。

本章重點在於評估幾大類證據，這三用來支持「事實宣稱」的證據包括個人經驗與見聞、證詞和訴諸權威。使用這些證據務必謹慎小心。為了檢核證據的良窳，我們提供可供檢測的問題。下一章的主題仍是「證據有多好？」不過會討論不同類別的證據。

Q 批判性問題：證據有多好？

證據包括個人經驗、案例、證詞和訴諸權威。

請評估以下三篇文章的證據。

短文 1

有許多青少年和年輕人開始使用一種名為「Proactiv」的創新抗痘產品。這種產品的價格不會造成太大負擔，並且對改善、恢復膚質相當有效，可長期確保皮膚健康。製造商宣稱，使用者將在短短三天內感受成效。許多名人在訪談時分享了他們的心得：

茱莉安‧休：「現在我的膚質很好，人也很有精神。我覺得充滿自信。」

娜婭‧里維拉：「你需要有效的產品來抗痘，幸好我找到了『Proactiv』……」

短文 2

電子菸（electronic cigarettes, e-cigarettes）逐漸取代了傳統香菸。然而也有人宣稱，由於用來產生煙霧的電子菸液（e-juice）含有化學物質，使用電子菸將產生其他健康問題。電子菸真的可以取代傳統香菸，成為更安全的選擇嗎？心臟科醫師鮑伯・R・羅伯茲（Bob R. Roberts）表示，使用電子菸並不會產生危險的副作用。「數年來，我都推薦病人改用電子菸來戒菸，不曾看過有人因此生病。其中，『MegaVapor』是我的病人最愛用的牌子。」MegaVapor是美國國內最大的電子菸製造商，近來發表一份聲明指出，電子菸從未在使用者身上產生副作用。公司總裁 H・V・史莫克（H. V. Smoker）表示，「沒有人比我們更了解電子菸。我們可以告訴大家，電子菸不但是比傳統香菸更安全的選擇，作為一種嗜好也絕對安全。」

短文 3

素食主義真的比肉食健康嗎？素食主義真的比肉食健康嗎？答案是無庸置疑的。已有研究指出，成為素食者之後，可因改掉常吃肉的習慣而帶來許多好處。此外，不妨問問吃素的人，他們會立刻和你分享自己的減肥方式比葷食者更好。更重要的是，許多餐廳和業者正致力於開發新的素食產品和菜色，很顯然，素食主義比肉食更健康。

短文 1

結論：使用「Proactiv」可有效抗痘。

理由：各界名人對此抗痘產品的效果讚不絕口。

我們不該把名人現身說法當成好的證據。這段文章展現了「證詞」作為證據的不足之處，以及期望如何影響我們的看法。這些成功的故事是否很老套？若隨機挑選，每位使用者都會如此異口同聲地稱讚嗎？這些被選上的名人是否很容易受廠商擺布？除非蒐集更多有系統的研究數據，我們不該斷定這個產品對抗痘極為有效。

短文 2

結論：電子菸很安全。

理由：一位醫師和一間大型電子菸製造商宣稱電子菸很安全。

這段「訴諸權威」的論述，我們應該相信幾分？不多。首先，兩個權威來源的意見可能都十分偏頗。羅伯茲醫師可能被MegaVapor雇用，讓他做出對其產品有利的證詞。若MegaVapor和羅伯茲醫師之間有對價關係，即使電子菸並不安全，他也會基於利益而力挺。即使撤除任何可能的金錢援助，羅

伯茲醫師基於個人經驗的證詞仍不可靠，他可能只是沒有找出負面的證據。而MegaVapor的聲明就和羅伯茲醫師的說法一樣可疑，因為該公司正是電子菸的生產及販售者，因此可透過宣傳電子菸的安全性來圖利。MegaVapor若能提供有系統的研究來說明電子菸為何安全，或許會較具說服力。

8 CHAPTER

證據有多好？：個人觀察 vs. 研究報告

本章學習目標

1　明瞭將個人觀察當作證據有多麼危險

2　以研究報告為證據時，了解會衍生出哪些問題

本章繼續探討如何評估證據，重點放在兩大類：個人觀察與研究報告。遇到這類證據時，我們都應有所質疑。

Q 批判性問題：個人觀察與研究報告當作證據，有多好？

這名警察開槍射殺手無寸鐵的男子，獲判有罪。儘管他聲稱以為受害者持槍靠近自己，但目擊者作證死者當時並未做出任何攻擊行為。

以個人觀察為證 ●

目擊者的證詞有幾分可信？個人的觀察是寶貴的證據來源，可謂大多數日常推理與科學研究的基礎。比方說，我們對親眼所見充滿信心，常將目擊證詞當作有力證據。然而經證實之後，許多原因顯示個人觀察其實是不可靠的證據。

觀察者不像鏡子，不會提供「毫不偏頗、完全真實」的觀察結果。我們「看」與報告的事，都會經過一系列「篩選」過程，包括：價值觀、偏見、態度、早期訓練、期望等。我們選出與記得的經驗面向，通常會與個人背景、過往經驗（prior experience）最為一致，況且人往往只看想看的、只聽愛聽的。再者，許多情境脈絡都有所謂的障礙與干擾，如注意力不集中、事情發生太快、高壓環境等。譬如，想像你旁邊有個人對著銀行員揮舞手槍，想想你的觀察有沒有遭到扭曲？

報紙、雜誌、書籍、電視和網路把觀察報告當作證據時，先確定有沒有充分理由去相信這些報告。最可信的報告，是依據某人最近在最適當的狀況下所作的觀察，而且這個人對於他觀察的事件，不能懷有強烈的期望或偏見。

有偏差的調查和問卷 ●

傍晚時分，你剛吃完晚餐，電話鈴聲響起：「我們正在做一項民意調查，能不能請你回答幾個問題？」如果你說：「好。」就會像一年有幾千人參與研究調查般，這是你最常碰到的一種研究方法。不妨回想，你多常聽到「根據最近的民意調查」這句話。

調查和問卷經常用於衡量人們的態度與信念，它們的可信度如何？這要看狀況而定。受

調查者會受許多因素影響，因此，解讀調查與問卷的意義時，要非常小心謹慎。我們來談其中一些影響因素。

首先，調查回應（survey responses）要有意義，必須是誠實回答的結果。也就是說，口頭表述必須反映真實的信念和態度。然而由於種種理由，人們往往掩飾事實真相。比方說，他們給的答案，可能是他們認為該給的，而不是反映本身真實的信念。他們可能對問卷或所問的問題類型抱持敵意，聽到問的問題，可能想也不想就脫口給出答案。如果你曾經接受調查訪問，也許還能想起其他的影響因素。

務請記住：你不能不能假設口頭表述能夠準確反映真實的態度。

其次，許多調查提問的問題，遣詞用字語義曖昧不明，這些問題可以有多種不同的解讀。結果，不同的人回答的可能是不同的問題。比方說，以下這個調查問題有多種可能的解讀方式：「你認為電視節目有品質評量制度嗎？」調查的遣詞用字越是模稜兩可，結果的可信度越低。

你一定要問：「調查問題如何遣詞用字？」大體而言，問題的遣詞用字越是明確，不同的人越有可能以類似的方式去解讀。

第三，調查包含許多內在的偏差，更加啟人疑竇。其中最重要的兩種，是有偏差的遣詞用字和有偏差的情境脈絡。提問的遣詞用字有偏差，是常見的問題，問問題的方式稍微改變，可能會對回答問題的方式產生很大的影響。我們來看最近一項民意調查的結論，然後談

它的調查問題。

一位大學教授發現，應答的大學生中有五六％相信，歐巴馬健保對美國來說是天大的錯誤。

仔細看一下調查問題：「美國前總統歐巴馬為改善社會而實施歐巴馬健保，結果帶領美國走錯了路，你怎麼看？」請把這個問題看仔細一點，發現偏差了嗎？這個問題中，「誘導性」的措辭是「總統走錯路」與「實施歐巴馬健保」。如果把問題改成「你怎麼看待歐巴馬總統希望透過健保系統——涵蓋範圍擴大、費用更低、讓美國人民得以享受更多健保支付項目？」受訪者的回答會一樣嗎？因此，這裡取得的回應，無法如實反映美國人對於歐巴馬健保的真正態度。

提一個例子。

調查資料和問卷一定要加以檢視，探尋可能的偏差。仔細觀察問題的遣詞用字，以下再情境脈絡對問題答案的影響也很大。同樣的問題，會因為問卷的表現方式，以及問題納入調查的方式，而在每次調查中，得到不一樣的答案。最近有兩項調查包含以下問題：「你認為二十一歲的合法應該降低嗎？」在其中一項調查中，這問題有個前導問題：「你認為十八歲（此為現行法令規定）的青少年應有投票權嗎？」然而另一項調查就沒有這

個問題。兩項調查獲得不同的結果，自然不足為奇。你看得出情境脈絡如何影響受訪者的意見嗎？

另一個重要的情境脈絡因素是長度。冗長的調查中，受訪者可能因為覺得疲累，對後面的問題和對前面的問題，答覆態度可能不同。評估調查結果時，一定要留意情境脈絡因素。

人們回應調查的方式，受許多未知因素的影響，例如想要取悅對方，或者對問題的解讀不同。那麼，我們應該視調查證據為好證據嗎？關於這個議題，人們激辯不已，但我們的答案為「是」，只要小心謹慎，概括時不超過合理的範圍就行。有些調查的聲譽比其他的調查要好。調查的品質越佳，人們接受的程度就越大。

我們建議，應該先仔細檢視調查程序，之後才接受調查結果。一旦確定程序的品質，就可以自行進行合乎條件的概括動作，並將已發現的偏差納入考慮。

研究報告的可信度 ●

「研究顯示……」
「研究人員在最近的調查中發現……」
「《新英格蘭醫學期刊》的報告指出……」

研究調查是依賴大量觀察，而且經常帶有特殊份量的一種權威形式。所謂研究調查，通常是指由受過科學研究訓練的人，以系統化的方法蒐集各種觀察。研究發現的可信度如何？

和訴諸任何權威一樣，在我們提出許多問題之前，無法判斷研究發現的可信度。

我們的社會已經轉而借重科學方法，作為確認事實的重要指引，因為世界上各種事件之間的關係非常複雜，也因為人的觀察，以及對這些事件提出的理論，容易犯錯。

科學方法有什麼特別之處？最重要的，科學方法找的是「可公開檢驗的資料」，也就是其他合格人員也能進行類似的觀察，探討能否在得到相同結果的情況下取得的資料。舉例來說，有位研究人員報告可在實驗室中進行進行核融合（cold fusion），如果其他的研究人員重複相同的實驗，並且得到相同的結果，我們對其主張的信心就會大增。換言之，我們更信賴科學研究的原因之一，在於這類研究都是可複製的（例如「重複」（repeat）進行）。

科學方法的第二個特性是「控制」，也就是利用特殊的程序，減低觀察和解讀研究發現時容易犯下的錯誤。比方說，如果觀察的偏見可能是個大問題，那麼研究人員可能利用多位觀察者，探討他們彼此所見是否一致的方式，來控制這一類的錯誤。物理科學家往往在實驗室研究問題，盡其所能加以控制，以求將外來因素的影響降到最低。遺憾的是，人類社會通常比物理世界難以控制，因此，複雜的人類行為，許多問題很難成功地應用科學方法。

「語言精準」是科學方法的第三個要素。我們持有的概念往往混淆不清、隱晦不明、模稜兩可。科學方法使用的語言，總是求其精準和前後一致。

驗、控制且準確，是最好的證據來源之一。

研究報告的問題

雖然限於篇幅，我們無法深入討論科學，但希望你記住：科學研究執行得宜，便可受檢

不幸的是，針對一個問題進行研究，研究證據不見得值得信賴，也無法保證證據意義的解讀正確無誤。和訴諸任何來源一樣，訴諸研究證據時必須審慎面對。而且，有些問題，尤其是針對人類行為，即使有最好的證據，也只能提出暫時性的答案。因此，我們必須對研究調查問許多重要的問題，才能決定要多信賴它們得出的結論。

當溝通者訴諸研究調查為證據來源，請牢記以下各點：

1. **研究報告的品質差異很大。** 我們對某些研究計畫的信賴，應該多於對其他研究調查的信賴。有些研究調查做得很好，有些做得很差，我們應該比較信賴前者。由於研究調查的過程相當複雜，容易遭受許多外界因素的影響，連受過良好研究實務訓練的人，所作的研究調查有時也難免發生重大的瑕疵，在科學期刊上發表的文章，不能保證絕無重大的缺失。

2. **研究報告經常相互牴觸。** 因此，一組研究調查中，單一的研究調查經常產生具有誤

導作用的結論。最值得我們注意的研究發現，是已經由一位以上的研究人員或一組以上的研究人員重複執行的研究。我們一定要問：「其他的研究人員是否已經確認這項發現？」

3. **研究報告並沒有證明結論。** 頂多只是支持結論而已。研究發現不會自己說話，對於自己的研究發現，研究人員一定要詮釋意義，而所有的發現，都可以用一個以上的方式去詮釋。因此，研究人員的結論，不應該被視為已經得到證明的「真相」。看到「研究發現顯示……」等陳述時，你應該將之重新詮釋為「研究人員解讀他們的研究發現，指出……」

4. **研究人員和我們一樣，也有期望、態度、價值觀和需求，他們間的問題、執行研究的方式、解讀研究發現的方式，難免有所偏頗。** 科學雖然盡全力避免偏頗，卻不是絕對中性、毫不摻雜價值觀、完全客觀的實體。比方說，科學家往往對某個特定的假說投入感情。和所有容易犯錯的凡人一樣，他們可能很難客觀地對待與那個假說衝突的資料。科學研究的一大優勢，是公開發表所用的程序與結果，以利他人判斷研究的價值，然後依樣畫葫蘆進行研究。但是不管科學報告看起來有多客觀，總有一些重大的主觀成分摻雜其中。

5. **作者或說話者經常扭曲或簡化研究結論。** 原始研究者作成的結論，和溝通者利用證據以支持他的信念之間，可能存在嚴重的不一致。舉例來說，研究人員可能在原始

研究報告上，慎重其事地限定本身結論的條件，但別人使用他們的結論時，卻可能不提相關的條件。

6. **研究「事實」會隨著時間而改變，尤其是與人類行為有關的事。** 例如，以下所有研究「事實」，都由知名科學家提出，也都被最新研究證據「推翻」了：
● 根據大多數憂鬱症病例，服用百憂解（Prozac）、樂復得（Zoloft）、百可舒（Paxil），比安慰劑（palcebo）有效。
● 吃魚油、運動、玩拼圖可以預防阿茲海默症。
● 麻疹疫苗導致自閉症。

7. **研究報告的人為干預比重不一。** 為了達成控制的目標，研究調查往往失去「真實世界」的若干特質。研究調查的人為成分越多，越難從研究調查概括到外部的世界。研究調查帶有人為成分的問題，在研究複雜的社會行為時尤為明顯。例如，社會學家會請受試者在房內玩電腦遊戲，藉此測試推理過程。研究人員企圖找出原因，了解人們為何在不同情況下會做出一樣的決定。然而，我們該問這個問題：「坐在電腦前思考假想情境的問題，會不會太假？根本無法得知人類在遇到真正難題時，會怎麼做決定？」

8. **需要資金、身分地位、安全保障等因素，可能影響研究結果。研究人員也是人，不是電腦，因此很難完全保持客觀。** 舉例來說，獲得某大藥廠直接贊助的研究人員，

和與該藥廠缺乏私人關係的研究人員比起來，比較常發現該公司的藥品具有正面的療效。此外，任期和升遷、維持高額補助、一舉成名等種種壓力，都可能影響研究發現的客觀性。例如，與藥廠不相干的組織，如非營利獨立組織，即使與藥廠贊助研究同一種藥品，結果肯定比較差，藥廠的藥品被證實療效良好的機率更高。

看得出來，研究證據雖然具有許多正面的特質，但我們不能匆促地接受研究結論。

然而，你也不能因為還有一些疑問，就完全拒絕有科學論證基礎的結論。確定性經常是不可能的目標，但每一項結論的不確定性卻不會完全相同，因此，我們比較願意擁抱某些結論，更甚於其他結論。比方說，某些利益團體為了推銷有利於自己的議題，會經常「製造」一些疑問或不確定感。對這種作為務必有所警剔。有一狠招可以強烈打擊不符

贊成
- 科學研究易受公開可驗證性（public verifiability）影響。
- 研究透過使用監控，將外在因素的影響減至最小。
- 科學研究的語言精準一致。

反對
- 研究的品質與人為部分，差異很大。
- 研究發現常會互相矛盾，事實會隨時間改變。
- 研究發現只「支持」結論。
- 科學研究畢竟是人類活動，可能會被扭曲，也無法避免主觀意識。

合自己利益，譬如，獲取暴利或支持某些政治理念的研究發現，這種狠招經常以「質疑」的形式出現：「嗯，我們無法完全確定。看來還需要做更多研究。」因此，在進行研究結論之批判性評估時，請你務必特別小心提防「確定性」的要求，因為某些結論原本就帶有一些不確定性，你不能因此全盤否絕它，否則就觸犯了一項推理上的錯誤，我們將它命名為「不可能確定謬誤」（impossible certainty fallacy）。

評估研究報告的線索

針對研究發現，可以問一些問題，以確定研究報告是否為可信的證據。

1. 報告來源的素質為何？

一般來說，發表在有同行評論的期刊上的文章，以及經過一連串相關專家檢視之後才接受的研究，是最可靠的報告。大體而言（但不見得一定如此），來源的聲譽越高，研究調查的設計越好。所以說，務必盡你所能，確定報告來源的聲譽。

220

2. 除了報告來源的素質，溝通內容是不是有其他的線索，足以顯示研究執行得很好？比方說，該報告是否詳細說明研究的特殊優點？例如，報告是否詳述了研究的優點。不幸地是，熱門報章雜誌、電視節目與部落格上的研究發現報告，提供的細節往往不足，因此我們無從判斷研究品質的優劣。

3. 研究時間距離現在多久，研究發現是否已隨時間改變？理由為何？許多研究的結論會隨時間改變。例如，一九八〇年的憂鬱症、犯罪、心臟疾病原因，與二〇〇四年大不相同。

4. 該研究報告是否曾經重複執行？是否曾有一個以上的研究調查達成相同的結論？研究發現，「統計上的顯著性」，有時會因純機率因素而出現。舉例來說，在設計良好的研究中，如果一再持續發現某種關聯性，例如抽菸和癌症之間的關係，那麼我們就有理由相信，至少直到不同意的人提出具說服力的證據之前，抽菸與癌症之間是有某種關聯性。

5. 溝通者挑選研究發現的選擇性如何？例如，結果相互牴觸的相關研究報告，是否遭到刪除？研究人員是否只選支持自己觀點的研究調查？

6. 有無提出強義批判思考的證據？說者或作者是否對先前支持他的觀點的研究，抱持批判性的態度？從研究而得的大部分

結論，由於研究時受到種種限制，所以必須說明限定條件。溝通者是否願意說明限定條件？

7. 某人是否有扭曲研究的理由存在？

8. 研究報告的條件，人為成分是否太高，以致遭到扭曲？

一定要問：「執行研究調查時設定的條件，和研究人員想要推而廣之施用的狀況，類似性如何？」

如果研究人員需要尋找某類結果時，我們就必須提高警覺。

9. 以研究樣本而言，我們可以概括到什麼程度？（下一節將深入探討這個問題。）

10. 調查、問卷、評比（ratings），或者研究人員使用的其他衡量方式，是不是帶有任何偏見或扭曲？

我們必須相信研究人員已經準確地衡量他想衡量的事物才行。存有偏差的調查和問卷，這個問題常見於研究發現中，我們將在稍後更詳細地討論。

以研究樣本來概括 ●

說話者和作者常用研究報告來支持概括（generalization，又譯「類化」、「推廣」），也就是對於一般事件的看法或訴求。比方說，「研究顯示有七成五的癌症病患接受此藥治療有效。」並非概括，但「此藥治療胰臟癌」即是一種概括。大多數公開的概括，都應審慎檢視有無過度概括的可能。稍後說明原因。

抽樣方式為首要之務，據此決定我們可以概括到什麼程度。概括研究發現的能力，取決於研究報告中人或事件的數量、廣度（breadth）與隨機性。選擇要研究之人或事件的過程，叫做抽樣（sampling）。

研究人員無法研究想概括的一切人事物，因此必須先決定某種抽樣方式；抽樣方法可依個人喜好選擇。評估研究樣本時，必須留意以下重點：

1. 樣本數必須夠大，概括或結論才站得住腳。大部分狀況中，研究人員觀察的事件或人越多，結論越可信。關於大學生常請別人捉刀，幫忙寫學期報告，如果想得出整體的信念，那麼調查一百位大學生比只調查十位要好。

2. 樣本必須針對結論所要談的事件種類，具備足夠的廣度或多樣性。比方說，如果研

究人員想要概括大學生的飲酒習慣，那麼他們的證據，應該根據各種不同大學環境中的各種不同大學生樣本而來。中西部小型私立學校的學生，飲酒習慣可能不同於西岸大型公立學校的學生，因此，如果只研究一所學校的學生，抽樣就缺乏廣度。

3. 樣本越隨機（random）越好。研究人員採取隨機抽樣的方式，可以確保想要概括的所有事件，有同等的機會被抽到，他們希望避免統計上有偏差的樣本。舉例來說，蓋洛普調查等大型調查，總是採取隨機抽樣的方式。如此可以讓他們避免只選到特質有偏差的一組事件或人。你看得出以下各個樣本特質有偏差嗎？

a 自願受訪談性愛頻率的人

b 只有室內電話的人

c 修基礎心理學的學生

d 只收看特定電視台的觀眾，如福斯或MSNBC

因此，我們必須問所有的研究調查：「他們抽樣的事件或人有多少？樣本的廣度多大？樣本的隨機性如何？」溝通者常見的一個問題，是忽略抽樣所受的限制，而過度概括研究的發現。他們所作的概括，廣度遠比研究所能合理推伸的範圍還大。第七章曾把這種過度概括的行為，稱為「輕率概括」謬誤。我們來詳細討論以下過度概括的一個例子。

使用線上交友服務的人，往往都能成功找到好伴侶。研究人員針對二百二十九位年齡十八到六十五歲的人做了線上調查，受訪者全都是線上交友網站的會員。調查中詢問受訪者最早的網路交友情形。研究報告顯示，受訪者與「網友」第一次見面後，九四％的人會有第二次約會，交往時間平均維持至少七個月。

上述抽樣過程無法做出廣泛的概括。這分報告暗示結論是出自大多數使用線上交友服務的人，但實際上只針對一個網站進行研究，樣本數只有二百二十九人。此研究沒有說明樣本數是怎麼來的，調查的隨機與廣度也無從得知。例如，自願參加調查的人可能都很擅長談戀愛。這是一份有瑕疵的研究報告，因為過度概括的情況太嚴重。

以研究方法來概括 ●

每個研究都要決定用哪種測量方式來檢測研究對象。比方說，想研究教學技巧可否提升批判思考的學習效率，必須先決定測量批判思考的方式。如同概念（concept）一樣，批判思考的定義與測量方式所在多有。因此，每種研究取徑所採取的方法，勢必會影響其結論。

測量概念的方法也很多，譬如，A研究得出的結論只會適用A研究選用的調查方法。研究重大行為之前，需先設計許多測量工具，包括問卷、檢查表、意願調查、行為等。而且有些測量指標（indicator）的效果公認最佳，例如，測量批判思考技巧時，請受試者寫一篇批判論文，遠比要他們作答選擇題來得好。同理可證，在研究幸福成因的諸多報告中，對於幸福測量指數的定義，可能南轅北轍。

由於研究結果只會呼應真正使用的測量方法。嚴格評估某研究報告時應問：「研究人員怎麼測量此概念，測量方式是否令人滿意？」批判思考者也應盡全力給出滿意的答案。例如，研究人員想測量孩童延遲享樂（delayed gratification）的能力，發給他們一粒棉花糖，看看他們選擇一口吃掉；還是能忍着不吃，十五分鐘後就能多吃一粒。這時我們應該問：「棉花糖是測量延遲享樂的良好誘因（測量工具）嗎？」如果換成別的誘因，像是由家長來判斷，結果會不會改變？

評估研究報告時，不可忽略這個問題：「運用何種測量方式、成效是否令人滿意？」同時也要切記：研究結果只會受到所用測量方式影響。舉例來說，有個研究要求受訪者填寫「你的快樂指數有多少？」調查表，並得出結論：「已婚者比單身者快樂。」這種研究可用一句話蔽之：有鑑於快樂的定義是針對自陳問卷（self-report questionnaire）的一次性回應（one-time response），故得證：已婚者比單身者快樂。如果你不同意此定義假設，就不會接受此結論！所有研究的批判性評估都有一個重要因素：研究中用到的測量方式，是否能妥善掌握目標概念的意義。熟悉研究人員針對某特定行為所用的各種測量方式，有助於判斷那些測量方式的好壞。例如，有些研究人員測量快樂程度的方式是要求受試者每天自我檢測好幾次快樂指數。

決定測量方式的滿意度，所需的科學知識非本書討論範圍。因此，只要確認測量工具有哪些、假想自己是接受檢測的人，切記研究結果只受使用的測量方式所影響。你便能明瞭每種研究都是有限的。站在研究報告參與者的角度思考，可培養有益的洞察力。

面對任何研究報告務必提出兩個問題：「測量方式的滿意度高嗎？」以及「還有其他方式可以測量此概念嗎？若有的話，結果也會隨之改變嗎？」

放心相信專家意見的時機 ●

根據先前討論，在你接受專家的結論之前，必須先提出問題。現在各位應該都很清楚，專家往往會犯錯和混淆視聽。（可參考大衛・傅利曼的著作《錯：專家為何總是失靈》，紐約Little Brown，二〇一〇年出版。）

面對令人充滿疑問的專業領域，何時可以放心相信專家所言？以下列出可供判斷的訣竅：

● 在評估此建議時，沒受到系統一思考的影響。

● 你讓思考作主，情緒尾隨其後。會相信某意見，是因為真偽已獲證實、有理有據，並非憑直覺判斷，也不是受到新奇有趣所惑，更不是該意見證實或拆穿了其他信念，或是你靠著它辯贏別人，讓別人站在「你這邊」。當你滑臉書或推特、想馬上分享某人的意見時，請視為警訊並提醒自己「等一下」，然後切換成系統二思考模式。

● 你將學到的批判性問題一一提出，該意見順利通過審查。例如，該專家提出的建議獲得研究報告支持，而且都是你認可設計精良、沒有利益衝突的研究報告。

● 陳述說明符合資格。

228

- 該意見沒有過度概括的問題，並非舉世通用，而且坦承應用的廣度有限，例如：適用該結論的人，本質或本性如何？
- 受到其他權威專家嚴格審視，仍屹立不搖。
- 你找到深度分析討論研究主張的有用資源，如書籍、雜誌、期刊等，或是歡迎長篇大論、進行思辨討論的網站或部落格。

顯然，想深入評估所有專家意見是不可能的任務。人生在世，唯有專家的意見越中肯講理，人們才願意理首鑽研得到的證據。

科學研究和網路

現在是二十一世紀，筆者合理懷疑我們與《辛普森家庭》的科技白痴荷馬之間的差距，得用光年來算，因為他大驚失色問道：「現在的電腦都有網路了喔？」如果你準備寫作卻不懂得善用網路，筆者也會跟荷馬一樣吃驚。網路徹底改變了大多數人蒐集證據的方式，獲得的資訊以驚人速度增加。面對史無前例的巨量資訊浪潮，我們該怎麼權衡取捨？我們不得不加倍小心地進入證據大觀園、思考得到的證據。牢記這些建議，可幫你解決網路研究特有的難題。

本章討論過調查作者背景的重要性。現在要督促各位利益不同可能帶來的偏見或衝突。

為了掂掂權威觀點的斤兩，我們首先得知道那人的身份和可能存在的偏見。人氣很高的諷刺新聞網站「洋蔥頭」（The Onion），展現出網路怎麼讓上述過程變得異常困難。二○○八年該網站上出現了一篇名為〈當地第一蠢上網留言〉（Local Idiot to Post Comment on Internet）的假文章（mock article），作者引用「當地第一蠢」透露玄機時所說的話：「今天晚上，我打算看看那支引起熱議的影片，點擊影片上方專為用戶評論設置的那個『回覆』鍵，開始草擬回文，小心翼翼地盡量不用腦，全用大寫字母，還亂用標點符號……雖然我到現在也說不清楚有哪些具體內容，但可以保證絕對蠢到爆。」但願網路上所有撰文者都能這樣直言不諱！

當我們在文中提供網路資源時，調查資料來源的可信度顯得至關重要。網路常被比喻為美國舊西部（Wild West，即美國國土擴張時期）。小鎮上沒有警長約束民眾，規定只能由德高望重的人發表真實公正的聲明。目前的網路形式，相對自由而無拘無束。隨便什麼人都能架設網頁或部落格。網站可能表面上值得信任，但是站長或格主卻可能隱藏某種企圖。各位可以連上網址：https://teachbytes.com/2012/11/01/test-website-evaluation-with-10-hilarious-hoax-sites/，看看惡搞網站的例子，以及學學怎麼做才不會上當。

哪怕你認為有位網路作家值得相信，也要多多提問。因為網站上也沒有警長維持秩序，任何可疑或造假的證據都能輕易上線。美國喜劇頻道喜劇中心（Comedy Central）的嘲諷大師柯貝爾想告訴大眾，網路上出現錯誤訊息或假消息的頻率多高。他在自己的脫口秀節目

《柯貝爾報告》（*Colbert Report*）某一集中，編輯了維基百科全書。五小時之內，維基詞條顯示喬治・華盛頓沒有蓄養黑奴、非洲大象的數量在過去六個月增長了三倍。（想知道「洋蔥頭」怎麼挖苦這個值得關注的問題，可參考二〇〇二年的〈網路上的事實錯誤〉（*Factual Errors Found on Internet*），文章開宗明義說道：「資訊時代在本週一狠狠被打臉了，網路上出現了一個事實錯誤。」）為了防止這種問題，應避免使用沒有具體出處的證據，同時花點時間查看資料的原始來源。當某篇文章的部分文字被張貼或引用時，貼文或推文者可能誤解了原作者的意思，或是斷章取義。

寫文章或擬講稿時最令人興奮的一個環節是，蒐集組織所有證據，來證明自身論點。證據越好，訴求的說服力就越高。本書七、八章說明如何評估他人論述中引用的證據，以及怎樣決定哪些論述合理可信。接著來逐一複習我們學過的重點，同時也是寫作、口說不可或缺的關鍵。

一、證據是由溝通者提供的訊息，清楚明晰亦可支撐論點。

二、好論述都具備高品質證據——切題、必要且具代表性。

三、假設也需要證據。

四、幾乎沒有證據是完美無瑕的。因此，我們要尋找的是具備「更好」證據的論述。

五、大多數單一證據都需額外佐證，才具說服力，如證詞、案例、直覺等。

六、科學證據具備成為「更好證據」的條件。

但是，好作者並非只用最好的證據。所以，我們想針對寫作、口說加上第七點：有其他證據支持的「感性訴求」（emotional appeal）也可以當成合適的證據。有時我們選用的證據未必可信度最高，卻有強大的文字感染

力。感性的證詞、個人故事、比喻、敘事、引言等，都能成功吸引讀者關注高品質的證據。因此，我們不會捨棄感性訴求，只不過必須有效結合高品質的證據。

七、謹慎使用想與讀者「交心」的證據。

在前一章與本章，我們評估了多種證據，提到的注意事項也同樣適用於寫作和口說。不過還有一些額外的議題，寫作與口說時務必放在心上。

首先，許多人都發現，在我們評價他人證據的品質好壞時，都能輕鬆刪去被當成證據使用的他人親身經驗或個案史。只不過如果是自己或親朋好友的親身經驗，我們往往很容易信以為真，儘管事實上，若是別人提出一樣的證據，我們常常無法表示贊同。請務必小心看待這種情形。如果我們的經驗與直覺都能高人一等、足以成為高品質的證據，感覺當然很好，只不過事實與願違，事實並非如此。因此，我們也必須撇除直覺、個人或親友的經驗，找到真正支撐自我主張的證據。

再者，大多數大學生在準備寫作與演講題目時，都不是該領域的專家，因此會相信所謂的專家，實屬人之常情，同時也造成我們高度依賴研究報告

與權威意見。一旦在研究報告或權威意見中找出好證據，也請明瞭其效力不可能恆久不變。

接著來探討在論述中把科學證據當成證據使用。我們往往會高度仰賴我們眼中的專家。過程中每個環節都執行得當的科學研究，最值得信賴。「執行得當」一詞值得不厭其煩地再三強調。即使是科學研究，也有欺瞞、結構鬆散、誇大的嫌疑或事實，尤其是讓人無法不起疑心的背後金主。如同先前提醒過的，研究發現很容易互相矛盾。不過別擔心，我們握有寫作、口說人士專有的利器，可以克服科學研究的種種限制。

儘管確認科學研究的可信度很難，但大多數專業科學出版品都會先幫讀者去除所謂的限制。一般而言，引用具公信力科學刊物所做的研究作為證據，通常萬無一失。若想提高選到好證據的機率、評估證據是否適用自身論述時，請隨時翻看二三〇頁的「評估研究報告的線索」。切記，儘管你眼前的研究符合本章提到的所有條件，也必須回到論述本身，讓研究可以真正為論述所用才行。

我們都會求助專家或權威，來評估某科學研究報告的主題是否支持我們的主張。我們也很難不被各領域的專家或權威說服，但是處於網路發達時代，想確認某人是不是真正的專家或權威，越來越難了。現在已是人人都可

自稱專家的時代。

更糟的是，已有研究顯示，人一旦被貼上「專家」標籤，對於自身信念會更加堅持，難以容納歧異。如果該研究屬實（務必先看證據再來判斷是否屬實！）意味著所有專家都令人存疑，因為他們不願考慮其他觀點的可能性很高。遺憾的是，由於筆者所處的文化環境，對於中途改變意見的人通常不太寬容，會以「牆頭草、偽善者」稱呼這類人，卻忽略了一個事實：當新證據出現，儘管要人改口並承認原本意見有誤乃違背天性，卻是相當負責的作法，因為有幾分／什麼證據，就該說幾分／什麼話。

訴諸專家意見還有一個限制──人通常會找和自己意見相同的專家。身為作者或說話者，應對此現象提高警覺。為免受到個人偏見影響，正反兩方的說法一樣重要，應使用同一套標準同時檢視，並從中找出有用的證據。當然了，如果另一方的證據確實比我方更好也更有說服力，要心悅誠服地接受並非易事。

一旦我們決定接受某專家或權威審慎驗證、提出的觀點，也認同他們的結論沒有重大漏洞，就能引用來源並當成證據。不過在此之前，應全程以高規格、高標準來評估。

找出高品質證據是理想境界，在現實世界中，要找出真實可信的研究報

告很難，想確認撰寫該報告的人是貨真價實的專家，更是難上加難。有時，我們可能得「退而求其次／將就一下」，也要清楚知道，在說寫過程中有很多時候，我們並不能保證自己找到的證據最好也最值得信賴。因此，我們應坦然接受入口網站（protal）提供的資料比較可靠。舉例來說，如果你可以進入大學圖書館的線上目錄（online catalogue），請先從那裡開始，不要只依賴類似Google的搜尋引擎，因為圖書館已先替使用者初步篩選過資料了。

其他可用的資料來源也包括個人網站或部落格，只要作者地位與背景值得尊敬與信賴。上網搜尋作者出版過的作品，有助於判斷他們的專業程度。譬如說，如果作者的作品涵蓋處方用藥、運動、文學與科技，一方面意味著那人涉獵範圍很廣，頗能引起注目，但另一方面也代表那人很可能「樣樣通、樣樣鬆」，不論任何領域都稱不上是專家。

找到好證據，顯然對作者或說話者來說都是一道難關。我們該怎麼知道自己手上的證據比較好？又該怎麼解決論述中曖昧不明的部分？如同先前所述，「百分之百保證證據為真」幾乎是不可能的。這時就要努力藉助批判思考技巧，我們該慶幸還有這種策略——審慎研究反方的論述內容，可有效避免自己提出愚蠢可笑的論述。

寫作或演說讓我們有機會探討各種對立的研究與替代發現，同時於理有據地說明我們為何最後決定選用或棄之不用。這很有潛力成為論述中最有說服力的部分，因為我們預期閱聽眾可能會批評，所以先稱職地讓他們知道，可用來攻擊我們的論點，力道、火候都還不夠。

最後，各位可能已在我們的寫作課程發現，歷經提出主張、定義曖昧不明語言、提供理由、檢視假設後，進入找證據階段，卻找不到任何足以支持自身主張的有效證據。這種情況會讓作者失望透頂：我們原本相信也決定守護的信念，竟然通不過證據審核的階段。實在令人抓狂！到了這個地步，我們還能怎麼做？許多學生會勇敢地使用薄弱的證據，例如許許多多個人例子或證詞、不放棄地繼續證實自己的論述，只因為不想看到努力至今的心血白費，也不想放棄自己堅持已久的信念與結論，儘管沒有足夠的證據也在所不惜。

事實上，也有研究顯示，當所有證據都反對某種看法時，有許多人反而

1 線上目錄指的是將圖書館館藏書目紀錄儲存於電腦記憶體或光碟片，使用者可線上即時查詢圖書館書目資料庫中的書目資料。由於電腦能儲存大量資料，又能提供彈性的檢索方式，使得線上目錄普遍受到歡迎，成為國內外圖書館最主要的目錄形式。

會更熱烈地支持。如果你認為自己是這樣的人，你絕對不孤單。但是你應該也很清楚，批判思考者不會有這種心態與作法。在精進寫作技巧的同時，也必須一再考驗自身觀念或信念。毫無意外地，經不起考驗的事物就會消失。這都無妨。在發展意見與信念的過程中，捨棄無用且無效之物乃必經環節。大多數人應該會更偏好守護經過審核驗證過的信念。所以，不論你對結論多有感情、有多喜愛你提出的理由，只要找不到足夠有效的證據來支持的話，最好的方法就是將這些當成學習經驗並謹記教訓，然後果斷重頭來過。

Q 批判性問題：證據有多好？

評估以下各篇練習文章，探討所提供證據的品質好壞。

短文 1

酒精中毒症患者的子女是否也較可能變成酒精中毒症患者？為了回答此問題，研究人員從「匿名戒酒會」（Alcoholics Anonymous）抽樣調查了四百五十一人，請他們回答一個問題：自己的父母親是否為酒精中毒症患者？是其中一位或兩位都是？研究樣本來自俄亥俄州（Ohio）、密西根州（Michigan）及印第安納州（Indiana）正在參加戒酒會的成員，採志願報名制，並由各地「匿名戒酒會」主持者進行調查。研究結果發現，七七％受訪者認為他們的雙親或其中之一是酒精中毒症患者。同時，也從上述三個州隨機抽樣四百五十一位聲稱自己偶爾喝酒的人，進行相同的調查。在這群偶爾喝酒的人當中，有二三％認為自己的雙親或其中之一是酒精中毒症患者。

短文2

何不允許年滿十八歲的人購買酒類？除此之外，其他年滿二十一歲的人能做的事，他們也都能做，包括投票、從軍、開車、獨立生活。

短文3

藥用大麻可能會讓癌症病患的治療邁進一大步。有人主張，藥用大麻合法化將會助長藥物濫用，我想反問，「證據在哪裡？」上個月，在底特律（Detroit）和密西根共有七十五人接受訪談，針對藥用大麻合法化是否會使他們所在的州出現更多藥物濫用者，詢問他們的意見。其中九十三%的人並不這麼認為。因此，我國國會議員應立法核准大麻合法化。

短文 1

結論：酒精中毒症患者的子女比非患者的子女更可能罹患酒精中毒症。

理由：與未罹患酒精中毒症者相比，酒精中毒症患者中，認為自己的雙親或其中之一罹患酒精中毒症的比例更高。

請注意：研究結果來自單一研究報告，且未說明這些結果在此研究領域的典型性。我們也無從得知研究報告是否公開發表，因此無法判斷發表前審查的嚴謹程度。但我們可以針對報告提出一些實際的問題。雖然有一個以上的州作為樣本，但是這些州裡的「匿名戒酒會」成員是否足以代表全美的酒精中毒症患者？參加戒酒課程的人和未參加者又有什麼不同？或許最關鍵的抽樣問題，在於缺乏隨機樣本。雖然在這三個州所找到的非酒精中毒症患者（自稱）是以隨機抽樣取得，但「匿名戒酒會」成員卻是志願報名的。這些志願出面談及父母的人，與非志願者是否有很大的不同？若兩者間存在差異，那麼，抽樣就有偏差。

評分量數的準確度如何？首先，針對接受提問的「酒精中毒症患者」，文中並沒有明確的定義。此外，也沒有任何評量標準可供受訪者評估自己的

父母是否為酒精中毒症患者。因此，我們無法確定「某人是酒精中毒患者」的判斷是否正確。同樣有疑問的是「控制組」，所謂「非酒精中毒患者」根據的是自由心證。我們都知道，「不酗酒」才是社會所認可的答案，因此人們會傾向給出能被接受的回答，而這種傾向可能造成所謂「控制組」的抽樣偏差。我們希望進一步了解這些評分的準確度，才能對結論產生信心。

短文 2

結論：年滿十八歲應可合法購買酒類。

理由：年滿十八歲的人和已可合法購買酒類、年滿二十一歲的人並無差異。

首先我們會注意到，本文的論述是建立於比較之上。文中利用大家所熟知的、年滿二十一歲所享有的權利，讓讀者理解一個某種程度上很類似的情況。年滿十八和二十一歲的人享有許多相同的權利。然而最顯著的差異是，在心智發展和承擔責任的層面上，前者之中有許多人仍不及後者。若我們假

設這種差異會影響十八歲的人購買酒類的自制力，那麼，此差異就足以讓我們否定用來導向結論的類比。

9 CHAPTER

是不是有對立成因？

本章學習目標

1　開始理解普遍存在的對立成因

2　清楚如何有效揭露對立成因

3　針對混淆不明的因果關係出現的頻率與造成的危機，培養感知力

4　討論對立成因時，敏於有效與人互動的方法

我們先來說個故事：

有個好奇心很強的小男孩注意到太陽早上會在天空出現，到了晚上就消失。他很困惑太陽究竟去了哪裡？於是仔細觀察夕陽，卻仍然無法弄清楚太陽跑去哪裡。接著，小男孩注意到，來照顧他的保姆也是在早上出現，晚上離開。有一天他問保姆晚上去了哪裡？保姆回答：「回家呀。」保姆的到來和離去正巧是白天和晚上的轉換時間，小男孩下了一個結論：是保姆的離去讓太陽回家了。

這個故事清楚說明了證據運用上常遭遇的一項困難——設法了解是什麼原因造成某件事的發生。除非我們事先了解特定現象出現的歸因形態，否則，就無法確定自己是否使用有智慧的方法來避免負面問題或鼓勵特定的正面結果之出現。舉例來說，我們很想知道二○○八年全球金融危機爆發的原因？為什麼在過去十年裡，肥胖率持續飆升？

這個故事也顯示了我們很難使用證據去證明某件事造成另一件事，這就是「對立成因」（rival causes）問題。故事裡，虛構的小男孩對自己的觀察做出了一種非常合理的解讀方式：因為保姆回家，所以太陽到了晚上就下山。我們期待你可以找出另外一種非常合理的解讀方式。

雖然對立成因極少像我們的故事那麼明顯，但是你常會看到某些專家提出一種假說，用以解釋某些事件或研究也有其他合理的假說。一般來說，這些專家不會向你揭露對立成因，

你必須自己去找出來。在你確定「證據有多好？」的時候，如此做格外有幫助，因為存在多種合理的對立成因，會減低我們對作者所提成因的信心。

Q 批判性問題：是不是有對立成因？

Attention!
對立成因是一種合理卻不同於作者的解讀，能夠用來解釋某種結果發生的原因。

尋找對立成因的時機●

若我們有充分理由相信作者或說話者透過證據來佐證其主張的成因，就意味著必須去找

對立成因。成因（cause）一詞是指「使……發生」或「影響」。溝通者可以用許多文字表述方式來表達箇中因果關係，以下列出若干：

- 造成的影響有……
- 阻止……
- 能夠促進……
- 提高了……的可能性
- 影響……
- 決定……
- 和……有關聯
- 和……相關

這些透露因果關係的提示字詞，有助於判斷作者接下來是否要提出因果陳述句（casual claim）。一旦你看到這類句子，就要留意有無對立成因存在的可能性。

對立成因普遍存在 ●

找出對立成因讓我們在面對因果關係時，可以做出更好的回應，包括日常個人關係、過去或正在進行的全球事件、研究報告的結果等。

以下舉例說明：

例1 人際關係的推理

女大生對朋友說：都過了一天了，我男友還是沒回我簡訊。他一定生我的氣了。

對立成因：他可能忙著準備考試，或者忘了帶手機。

例2 全球大事

根據新聞報導，二〇一二年十二月十四日，二十歲的亞當‧藍札（Adam Lanza）在美國康乃狄克州新鎮（Newtown）的桑迪胡克小學（Sandy Hook Elementary School）開槍掃射，造成二十名孩童與六位教師喪生。開車進入校園之前，藍札先射殺了位於新鎮家中的母親。就像重大新聞事件總會出現的畫面，人人各自提出對於此事的看法。槍殺案件過後不久，新聞與談話性節目紛紛指出槍手可能的動機：

1 槍手的種種行為可能肇因於對於母親的憤怒，因其母堅持要他去精神科就診。

2 暴力電玩是這起大屠殺的導火線。根據報導，案發後警方搜索藍札家時發現價值數千美元的暴力電玩。

3 藍札持續服用抗精神病處方用藥，有些患者會出現衝動控制疾患（impulse control disorder）、重度憂鬱（major depression）等副作用。

例3 研究報告

最近一項研究指出，餵母乳對母親和寶寶都有好處。該研究發現，親餵母乳超過一年的女性，停經後心臟病發或中風的機率，都比沒餵母乳的女性少了將近一○％。這是一項針對全國停經婦女的長期研究，刊登於《婦產科醫學會》（Obsetrics and Gynecology）五月號，文中分析了一三九、六八一名女性登錄於美國婦女健康促進研究（Women's Health Initiative）的資料。

報告中，研究人員最初假設餵母乳的行為可能是有益於母親健康的原因，並持續發現支持此假設的證據。不過，我們現在要根據相同的發現，提供其他對立成因。

1 平均而言，餵母乳的女性比不餵的女性，日子過得更健康。比方說，她們可能更

/ 250

常運動，飲食方面也不一樣。

2 選擇不餵母乳的女性外出工作的時間可能更長，導致生活壓力更大，因此健康問題較多。

3 拒絕餵母乳的女性，健康方面的問題可能比餵母乳的女性更多。例如，有在服藥或抽菸的母親會更在乎餵寶寶母乳是否安全。

接下來的章節，將探討這些練習對批判思考者的意義。

探索對立成因 ●

尋找對立成因的過程很像偵探。當你發現可能有對立成因時，就必須自問：

● 我想得出其他方式來解讀這個證據嗎？

● 是不是有其他的因素，可能造成這種行為或這些發現？

● 如果從不同的角度觀察，可能會看到什麼不同的成因？

● 如果這個解讀不正確，還有什麼別的解讀合乎道理？

「唯一成因」或「成因之一」。

某地一所學校的小學生罹患憂鬱症的比率之高，令人憂心。談話節目主持人詢問專家學者成因為何，得到的理由包括：遺傳問題、同儕間惡作劇、父母疏於管教、電視上太多恐怖主義與戰爭的新聞報導、無宗教信仰、壓力太大等，專家可以「聲稱」他們擁有答案，但不可能<u>知道</u>原因。人們常犯的一個錯誤，是針對一件事件尋找簡單、單一的成因，但實際上是許多助因（contributory causes）組合下的結果──某一成因有助於創造一整組必要的條件，促使事件發生。

若和人類的特性或活動有關，多種助因並存的情形，多於只有單一成因。許多例子中，最好的因果式解釋，是結合大量的成因，而且只有「合而為一」，才足以促使事件發生。所以，專家學者可以提供給主持人的最好答案是：「我們不知道這件事的「唯一成因」，但是我們想到了可能促使這件事發生的部分原因。」因此，在尋找對立成因的時候，一定要記住：我們找到的任何單一成因，都比較可能是助因、而非「唯一成因」。關於多數事件可能擁有多重助因的情形，我們必須清楚知道，同一種行為是由不同人來做，原因就有所不同。因此，有人是因生理缺陷而有憂鬱症，也有人是因為生活中的某個事件造成了極大的壓力，例如子女過世。我們都應該自我警惕不以偏概全（overgeneralization）。正確的問題通常不是

252

何者導致憂鬱症，而是這位特定的個體罹患憂鬱症的原因有哪些？不同的憂鬱症病患與大屠殺個案，助因通常也不同。

如果沒有考慮成因的複雜性，就犯了因果關係過度簡化謬誤（causal oversimplification fallacy）。

Fallacy!
因果關係過度簡化謬誤：解釋某一事件時，所用的因果關係因素，不足以說明事件發生的來龍去脈，或者過度強調一或多項因素的重要性。

就某種意義來說，幾乎所有的因果關係解釋都有過度簡化之嫌，所以你也不能責怪溝通者解釋事件時，沒有把每一種可能的成因都包含在內。但因果式結論應該包含充分的因果關係因素，說服你接受它們不致過度簡化。或者，作者應該向你明白表示，他在結論中強調的因果關係因素，只是許多可能的助因之一──「某一」成因，而非「唯一」成因。

以多元觀點作為對立成因指南‧

欲了解他人的行為模式時，觀點或視角不同會影響我們最後決定的成因。我們選擇尋找什麼，影響著我們能夠看到什麼。我們熟悉的觀點越多，在思考可能的對立成因時就會更有想像力。舉例來說，社會學家與社工人員、心理學家與精神科醫師、生物學家、神經學家、營養師、環保人士、警察、共和黨與民主黨員、商人等等，在審慎思忖可能成因之時，都十分樂見不同種類的成因。越能擁抱多元觀點的人，發想對立成因將會更輕鬆。在做這堂課的練習時，會遭遇各種不同的觀點，拓展你對可能成因的認識。在努力找出成因時，請小心專家或是自己落入確認偏誤（confirmation bias）的情況——選擇性地尋找並且只相信合乎我們既有信念的證據。

混淆因果關係和關聯性‧

人有一種與生俱來的傾向，對於互有關聯或者「一起出現」的事件，能從中「看出」由某些事件造成其他的事件。也就是說，我們會一口咬定，由於特性Ｘ（例如能量棒的攝取

量）和特性Y（例如運動競賽成績）有關，因此X造成了Y。

但是這種思考方式往往大錯特錯，為什麼呢？一般來說，原因在於許多假說都能解釋為什麼X和Y「一起出現」。事實上，至少有四類不同的假說，可以解釋任何這種關係。認識這些假說，有助於你發現對立成因。以下用一個案例來說明這四類假說。

最近一項研究報告指出，「抽菸可對抗流感」。研究人員調查了五百二十五位抽菸者，發現六七％在過去三年裡不曾得過感冒。研究人員提出的假說是，從吸菸動作中所釋放出來的尼古丁摧毀了流感病毒，讓它來不及擴散和形成疾病。

這麼說來，因氣候變化造成身體不適的人是不是該跑出戶外、開始抽菸，以防止流感？不見得。在抽菸之前，應該先思考這項研究發現的四種可能解釋：

解釋一：X是Y的成因。（吸菸並未真正殺死流感病毒。）

解釋二：Y是X的成因。（為了不受感冒病毒侵襲，人們可能會持續抽菸。）

解釋三：由於第三項因素Z的存在，X和Y互有關聯。（抽菸和不感冒是相關行為，例如抽菸後經常洗手，防止了感冒病毒的擴散。）

解釋四：X和Y互相影響。（也許不常感冒的人正好有吸菸的傾向，而吸菸能防治某些疾病。）

切記，關聯性或相關性並不能證明有因果關係存在。

然而用來證明因果關係的不少證據，只是基於關聯性或相關性存在。當作者指出一些特性之間具有關聯性，用這種方式來支持其假說時，一定要問：「是否有其他成因可以解釋這種關聯性？」請用下面段這段論述來自我測試：

最近一項研究報告指出，「冰淇淋會誘使人犯罪」。研究人員調查了過去五年，美國十個最大城市冰淇淋的銷售量和犯罪率，發現冰淇淋銷量增加時，犯罪率也升高。於是，研究人員有此假說：吃冰淇淋引發腦中某種化學反應，進而激發個人的犯罪傾向。

我們希望你看了這段論述後，還是認為吃冰淇淋的人不用擔心自己會作奸犯科。你有想到其他的對立成因嗎？夏天的氣溫升高能否解釋冰淇淋銷售量（X）和犯罪率（Y）之間的關聯性？我們可以理解人們容易混淆關聯性和因果關係，也曉得這種作法很危險。「因」當然是在「果」之前。但是「果」之前有很多事件，而且大部分缺乏因果關係。

把上述事件彼此相關的四種可能解釋記在心裡，你現在應該能夠確認兩種常見的因果推理謬誤：

混淆「在這之後」和「由於這件事」●

我們經常會以下述方式來解釋某件事：由於事件B在事件A之後出現，所以事件A造成了事件B。這種推理會發生，是因為人有強烈的傾向，相信如果兩件事差不多同一時間發生，那麼一定是先發生的事造成後發生的事。緊接著某事件之後發生的事，先發生的事並非原因。我們只因先後關係，就誤以為前事造成後事，犯了「後此謬誤」（post hoc ergo propter hoc，即英文的 after this, therefore because of this，簡稱 post hoc fallacy）。例如，你寫

出好報告前戴了一頂特別的帽子，因此堅持以後寫報告時都要戴上同一頂帽子。

以下的例子將進一步說明這類推理的問題：

我昨晚撿到一枚二十五分錢的銅板，它一定是我的幸運符。自從撿到它之後，我竟然在一項很難的考試上得到A。我最不喜歡的課取消了、我喜歡的一部電影也在昨晚播出。（事實是我這次非常認真準備考試；教授的六歲兒子最近感冒，因此不得不請假；節目表早在我撿到銅板之前幾週，就已排定在昨晚播放該電影。）

或許不說你也知道，政治領袖和企業領導人喜歡利用事後論述，尤其是對他們有利的狀況。比方說，他們傾向於把自己當上領導人之後的一切好事，都歸功於自己，並將一切壞事推到別人頭上。切記：發現某件事在另一件事之後發生，並不能證明兩者存有因果關係，那可能只是巧合而已。看到這種推理時，一定要問自己：「是不是有對立成因，可以解釋這件

事？」以及「除了一件事在另一件事之後發生這個事實，還有沒有其他的好證據？」

解釋個別事件或行為 ●

二〇一〇年冰島火山爆發的成因為何？臉書為何這麼多人使用？正如桑迪胡克校園槍殺案的問題一樣，這些問題都想要解釋個別的歷史事件。首先，如同我們在這起案件的故事中看到的，同樣一件事有那麼多不同的說法，大家各執一辭。其次，我們解釋事件的方式，除了受到包括信念在內的個人觀點影響，社會和政治力量的影響也很大。「基本歸因錯誤」（the fundamental attribution error）是一種常見的偏差，也就是我們在解讀別人的行為時，往往高估個人傾向相對於情境因素的重要性。換句話說，我們傾向於認為他人行為的成因，來自於內部（他們的個人特質）多於外部（情境力量）。舉例來說，若某人偷東西，我們可能認為是這個人生性不道德、沒有良知、誤入歧途所致。但是我們也應該考慮外部情境所扮演的角色，例如貧窮或同儕壓力。

建構過去事件的成因時，還有另一個大問題——許多證據出於人們的記憶，而有大量研究顯示記憶很容易遭到扭曲。

如何才能知道，我們獲得了某一事件或某組事件「好」的解釋？我們永遠無法百分之百

確定。但是，提出批判性問題，可以幫助我們知道得更多。對某一事件提出的第一個解讀，千萬不要輕易接受。務必去找對立成因，試著比較它們的可信度。考量可能看出爭議事實之利害關係的不同觀點，多看同一事件的各種版本，有助於拓展眼界。許多事件找不到簡單的解釋。我們必須接受這個事實。

基本歸因錯誤

祖國／戰爭

父母

健康

金錢

天氣／氣候

種族

情緒

性別

迷人事物

宗教

人生

我的命運，由我創造！

評估對立成因 ●

你找到的對立成因越合理，對作者或說話者提出的原始解釋，信心就越薄弱。身為批判思考者，你必須盡己所能，去評估每一個替代性解釋和可用的證據相符的程度。留意你自己的個人偏差。

對立成因與自我溝通 ●

對寫作者來說，因果論證（causal argument）是最難寫的。必須篩選一連串可能的成因，有些合理合法，有些則是披上迷人外衣、虛假不實。然而，你必須呈現出真正的因果關係。經典卡通《芝麻街》也點出了這個問題，片中畢特（Bert）看到恩尼（Ernie）把香蕉高舉到耳邊時，畢特問恩尼為何做這個怪動作，恩尼答道：「畢特，我要用這根香蕉來趕走鱷魚。」畢特生氣地反駁芝麻街才沒有鱷魚，恩尼又驕傲地說道：「沒錯啊。都是我這根香蕉的功勞，對吧，畢特？」恩尼搞混了，以為同時發生的兩件事互有因果關係。

表 9–1　比較成因適用下列領域：

✓ 合乎邏輯的判斷力。哪些對你而言最有道理。

✓ 並未和你所擁有的其他知識牴觸。

✓ 過去成功解釋或預測了類似事件

✓ 相較於其他解釋，被更多一般事實所運用。

✓ 被較少的普世信念所否定。

✓ 相較於反方的解釋，可以解釋更多、範圍更廣的事實。

證明關係存在後，務必證實此關係的走向如你所言。換言之，A造成B，而非B造成A，也不是C造成了A和B。亦有可能是完全不同的另一件事。在J‧K‧羅琳的哈利波特系列小說中，作者想要重現經典的雞與蛋之謎，其因果關係是「先有鳳凰還是先有火焰？」主角好友露娜‧羅古德（Luna Loveggod）答對了…「圓圈並沒有開端。」（A circle has no beginning.）。

最後，相較於其他因果關係，你可能會想展現你所關注的因果關係是此現象的最佳解釋。整個程序相當繁瑣，我們建議各位分為一個個步驟來進行。第一步則帶入了創意思考。

探索潛在成因

寫作的第一步和其他論述一樣。先決定好有興趣的特定議題。在下列例子，你要找的是探究因果關係的議題。這類議題會明確地提到「造成、導致」（cause）一字，像是「AMC電視台的《陰屍路》（*The Walking Dead*）破了有線電視台的收視率紀錄，原因何在？」或「導致疾病治療無效的原因為何？」

一旦決定好議題，下一步就是腦力激盪問題潛在的答案。此過程也能充滿創意。想要完成任務，我們建議你像惹人厭的五歲小孩一樣，不停地問「為什麼」就對了。現在先回到《陰屍路》那個問題。為什麼《陰屍路》破了有線電視台的紀錄？可能是因為十八到四十九歲的觀眾喜歡活屍。現在請進入五歲小孩的發問模式：「他們為什麼喜歡活屍？」你會怎麼回答這個問題？

學到的教訓

1 許多事件都可用對立成因來解釋。

2 專家檢視相同證據，發現可用不同的成因來解釋。

3 大多數溝通者提供的都是他們喜愛的成因；批判性讀者或聽者一定會提出對立成因。

4 提出對立成因的過程很需要創意。這種成因通常並不顯而易見。

5 最後，特定因果陳述的確定性與看似合理的對立成因恰好成反比。因此，認出各種對立成因，可讓批判思考者具備「聰明的謙遜」（intellectual humility）。

我們內在的小孩下一步會怎麼問呢？「為什麼？」《陰屍路》占據了其他電視台所沒有的利基市場。「為什麼？」演編導的表現都很出色。「為什麼？」

現在你應該懂了。朋友、同學等出現在你生命中的人都能幫你一起腦力激盪。他們想出的原因，你可能怎麼也想不到。

以下每個例子都提出了一個論述，用以支持某個具有因果關係的主張。

試著為這些主張找出對立成因，判斷在對立成因的影響之下，作者的主張弱化的程度。

短文 1

父母若沒有大學文憑，孩子是否也比較貧困？近來，研究人員抽樣調查了五百五十二位接受政府補助者，以了解其中有多少人的雙親或其中之一沒有大學文憑。

此研究以俄亥俄、肯塔基、西維吉尼亞三州受政府補助者為樣本，寄出調查表；結果顯示，有八五％的受訪者，雙親中至少一位沒有大學文憑。同時，也從上述三州隨機抽樣五百五十二位沒有接受補助者。結果顯示，雙親中至少一位沒有大學文憑的比例僅四〇％。

短文 2

這位企業高階主管為何會盜用公款？仔細檢視他的生活，可以得到明確的答案。這位人士出身十分成功的家庭，父母是醫生，兄弟姊妹則都是律師。雖然身為高階主管，但他所賺的錢遠比不上家人。此外，他還相信所謂

的美國夢——任何人只要努力工作，就一定會成功。然而雖然他非常努力，最近卻在工作上發生一連串失誤，股票投資也賠了不少。更糟的是，他的小孩必須做牙齒矯正。為了符合家人的期望，擠身成功人士、成為家裡的經濟支柱，這位高階主管只好盜取公款。

短文 3

在校園裡滋生的細菌造成大學生生病的比例提高。大學生不太可能去注意生活空間和共同區域的清潔。物品表面和空氣中滋生過多細菌，導致生病的學生增加。

短文 1

結論：比起父母有大學文憑的孩子，父母沒有大學文憑的孩子可能過得更貧困。理由：接受政府補助者，雙親中至少一位沒有大學文憑的比例高於未受補助者。

請注意：研究結果來自單一研究報告，且未說明這些結果在此研究領域的典型性。我們也無從得知研究報告是否公開發表，因此無法判斷發表前審查的嚴謹程度。但我們可以針對報告提出一些實際的問題。樣本數相當大，然而廣度有問題。雖然有一個以上州作為樣本，但這些州接受政府補助的人是否足以代表全美的貧困人口？舉例來說，在政府伸出援手之前，各州都有一套不同的評估標準。此外，接受政府幫助的人如何與沒有尋求幫助的窮人相提並論？

或許最關鍵的抽樣問題，在於缺乏隨機樣本。在以上三州，未受補助者與非自願者是否有很大的不同？例如，願意參與研究的男性可能比女性多出八成，這可能使男性樣本數過高、無法準確呈現多數窮人的樣貌。研究者必須提供更進一步的樣本資訊，以說服我們抽樣並無偏差。

評分量數的準確度如何？首先，針對參與研究、接受政府幫助的「窮人」，文中並沒有明確的定義。然而，人們接受政府幫助的理由並不相同。例如，聯邦醫療保險被視為政府補助的項目，而年滿六十五歲者即受此醫療保險及社會福利保障。因此，我們不但無法確定抽樣是否公平，也不確定參與者是否真的貧窮。

同樣有疑問的是「控制組」，所謂「非貧困人口」根據的是自由心證。我們都知道，「不窮」才是社會所認可的答案，因此人們傾向給出能被接受的回答。此外，如前所述，人也可能窮困而不尋求幫助。若有任何一位參與者其實很窮，卻沒有如實回答，可能會使控制組的偏差更為顯著。我們希望進一步了解這些評分的準確度，才能對結論產生信心。

短文2

結論：為了不輸給父母和兄弟姊妹的成就、證明自己不是失敗者，也為了提供家用，這位高階主管盜用了公款。

理由：當事人可能太過在意上述因素。

以上都可能是造成這位高階主管盜用公款的重要原因。然而，社會上還

268

有許多人遭遇與這位主管相同的壓力，卻沒有訴諸非法手段來盜取金錢。是不是還有其他可能的成因？無論何種違法行動，總有不少看似合理的解釋。例如，我們會想了解一下他的童年生活、或最近遭遇了哪些事。

· 這位高階主管最近是否曾和老闆起衝突？

· 最近是否有過壓力很大的狀態？

· 是否有過偷竊的紀錄？

事後，我們總能挖掘出童年經驗，作為成年人行為的背景因素。然而，在我們做出具有因果關係的結論前，必須找出更多證據，來證明這一連串事件的確導致了另一連串事件，而不只是時間先後所致。我們也不該掉進「基本歸因錯誤」的陷阱中，因此，務必要將外部和內部成因一併考慮。

10

統計數字可信嗎？

本章學習目標

1 認清有偏差與不可知的數字會帶來什麼危險

2 多多理解不同形式的平均值

3 慎防犯下衡量錯誤

4 明白統計數字經由說話者轉述與演示之後，可能與原本的意義大
相逕庭

以下這段文字，對你而言說服力如何？

【新聞公告】

經濟情勢大幅好轉。光上個月，失業率就下降了一個百分點。

你不應該被以上的推理唬住，因為這段論述使用統計數字來騙人。

「統計數字」是作者最常使用的一種證據。你可能經常聽到人們使用「我有統計數字佐證。」來支持他們的論述。我們利用統計數字來呈現戰爭傷亡人數增減情況、警告大眾某疾病罹患率邊變、衡量新產品上市的銷售好壞、判斷特定股票能否獲利、下一步要打出哪張王牌、不同大學的畢業生比率、記錄不同群體的性行為頻率，並將其導入更多議題，卻經常使用不當。統計數字是以數字表示的證據。

證明「數據可能騙人」的不同表述方式

圖表1

投票人數

最愛的食物

圖表2

投票人數

最愛的食物

這種證據令人印象深刻，因為數字讓證據看起來非常科學且精確，好像代表「事實」似的。

但是統計數字也會騙人，而且經常騙人。數字試圖證明的事物，往往不是表面上看到的那樣。

Attention!
數據能騙人，而且頻率很高。數據試圖證明的事，往往不是表面上看到的那樣。

身為批判思考者，你應該努力找出錯誤的統計推理。用短短幾個段落，或許無法把所有的「統計騙術」都告訴你，但本章將提出一些一般性的策略，讓你發覺這些騙術。此外，我們也會說明統計證據常見的誤用，提醒你注意統計推理中的瑕疵。

不可知和有偏差的數字 ●

【最近一則頭條新聞】

四○％大學生飽受注意力缺失症（Attention Deficit Disorder，簡稱ＡＤＤ）之苦。

看到此標題，你是否因偶爾覺得自己注意力無法集中而警醒？要怎麼判斷這個數據值得信賴？

任何數據資料都需要實際發生的事件來佐證，而且那些事件必須是經過定義（defined）、且能被證實的（accurately identified），然而往往都無法達成此條件。因此，找出不實數據的首要方法，即是蒐集關於此數據取得方式的資料，越多越好。我們可以精確知道美國到底有多少人做這些事嗎？──沒有誠實納稅、每晚讀最愛的宗教書籍、邊開車邊講手機、使用違法藥物等。

若是思考過要得出真實數字需要多少程序的話，我們合理懷疑各位的回答是「不太可

能」。原因何在？因為有各式各樣的障礙，妨礙我們為特定目的取得準確的統計數字。這些障礙包括：關鍵字曖昧不清、指認關係人物與事件的難度、人們不願意透露真相、沒有詳實通報、妨礙觀察事件的物理障礙（physical barrier）等，比比皆是。所以，統計數字往往只能說是「有一定依據的猜測」（educated guess）。這種猜測、估計相當有用，騙人的手法也相當高明。我們一定要問：「作者怎麼得出此估計數字？」蒐集越多相關細節越好。

不可知的統計數字常以「大量數字」的形態，用來吸引目光或警惕人們，數字的準確度往往啟人疑竇。例如，大量數字可用於警告民眾罹患某種身心疾病的人數增加，例如癌症、飲食失調或兒童肥胖症等。如果這些數字真的經由審慎程序所獲，我們當然會高度重視。比方說，朋友採訪過九成鄰居後，得到一個結果：大多數人都喜歡住在老家。這時你必須非常小心，是否要相信此結果確實能呈現這個事實：人們對於老家的真實感受。切記，針對數據做出回應之前，必須自問：這些數字是如何取得與確認的呢？

混淆平均值 ●

探討下列的陳述：

1 成為美式足球員是賺錢最快速的方法之一，二〇〇六年美式足球員的平均薪資是二百二十萬美元。

2 根據最近一項調查，大學成績達標對學生來說比較輕鬆了。大學生每週平均讀十二‧八小時的書，約為二十年前的一半時數。

這兩個例子都用到「平均值」（average）一詞。但是計算平均值有三種不同的方式，且多數時候算出來的數字不同。

第一種是把所有的數值加起來，然後除以數值的數目，結果稱作平均數（mean）。第二種方法是將所有的數值從最高排到最低，然後找出位於中間的那個數值。這個中間數值叫作中位數（median），有一半的數值高於中位數，另一半則低於中位數。第三種方法是列出所有的數值，然後計算不同的數值或數值區間出現的次數；出現最多次的數值稱作眾數（mode）。

276

表10-1		
✓ 平均數	把所有的數值加起來，然後除以數值的數目	
✓ 中位數	將所有的數值從最高排到最低，然後找出中間的那個數值	
✓ 眾 數	計算不同的數值或數值區間出現的次數，找出出現最多次的數值	

作者談的到底是平均數、中位數或者眾數，差別很大。

拿職業球隊的明星球員和普通球員的年薪相比。最偉大的明星球員，譬如明星四分衛，所獲得的報酬遠高於同隊的大多數球員。二〇一五年年薪最高的美式足球員賺得的待遇超過三千五百萬美元，遠遠超過平均值。這麼高的薪水會大幅提高平均數，但對中位數或眾數幾無影響。比方說，二〇一五年美式足球員的年薪平均數為二百二十萬美元，中位數卻只有八十三萬美元。因此。在大多數職業球隊裡，年薪平均數遠高於中位數或眾數。因此，如果某人希望平均薪資看起來很高，最好是列舉平均數。

接著，仔細探討第二個例子。如果作者所提的平均值是眾數或中位數，我們可能會高估了讀書時間的平均值。有些學生可能習慣花很多時間讀書，如每週三十至四十小時，結果拉高了平均數，卻不影響中位數與眾數。視發生頻率最高的讀書時間長度而定，得出的眾數結

果可能遠遠低於平均數。

看到「平均值」一詞時，一定要問：「選用平均數、中位數或者眾數，會有差別嗎？」要回答這個問題，不妨思考一下：使用不同的平均值，將如何改變資訊的意義？確定平均值指的是平均數、中位數還是眾數，的確重要，但是確定最低數值和最高數值的差距（稱作全距〔range〕），以及每一個數值出現的次數（稱作分布〔distribution〕）也一樣重要。以下是一個很好的例子：

醫生對二十歲的病人說：這種癌症的預後很糟糕，存活期的中位數是十個月。我建議你接下來幾個月盡力去實現你過去一直想做而未做的事。

聽到醫生做出這樣的預後宣告，這位病人該如何看待自己的未來？需要覺得悲涼悽慘嗎？首先，我們都很確定，預後宣告顯示有一半的人死於十個月之內，然而，也有一半的人存活超過十個月。不過我們不知道這一半的人存活期的全距和分布！有沒有人存活超過十年？其分布如何？甚至，有人活到八十歲嗎？有多少位？了解存活人口的全距和分布可能改變這位癌症病患對自己未來的看法。

病人應該考慮的另外一項因素是，不同醫院是否有此癌症不同的全距和分布。如果有，他應該移往分布情形最有利的醫院去就診。

278

看到平均值數字時，時時謹記所謂數值的全距和分布還有個好處：提醒我們，真正的平均值數字往往不能代表大多數人或大多數事件，結果與平均值數字相去甚遠是意料中的事。

衡量錯誤 ●

數據是衡量萬事萬物的結果，然而衡量一向容易出錯。二○一五年，新英格蘭愛國者隊（New England Patriots）被控在對印第安納波利斯小馬隊（The Indianapolis Colts）的重要比賽中作弊，為了傳接球更順利而將球洩了氣。他們真的這麼做了嗎？

中場休息時檢視比賽用球時發現，愛國者的球沒有充飽氣，磅數比小馬隊的球小。看到這裡先暫停一下。兩方的球並非在同一時間接受檢查，先檢查了愛國者的球，然後才輪到小馬。這又如何？小馬隊的球在接受檢查前存放在溫暖的房間裡，球有更多時間可以適應溫暖的溫度並增加球壓。因此，小馬隊的球接受檢查時，發現氣比較足。此說明可謂是「衡量錯誤」（measurement error）。法院也接受了愛國者隊提出的這份陳述。

衡量錯誤的另一個例子是酒精攝取量的多寡。在這類判例中，被告律師為求勝訴，常用的策略是要求檢方提供被告受檢時，酒精濃度檢測器前一次的校準時間，同時也要求審閱校準設備本身的精準度，據此判斷儀器是否值得信賴。換言之，酒駕是否成立要透過兩種機

器，不論採信的是控方或辯方，唯有一個條件：測量機器必須準確無誤。機器若是不準，血液中的酒精濃度數值再高，也無法作為支持檢方起訴的呈堂證供。

證實一件事，接著證明另一件事 ●

溝通者常利用統計數字證實某件事，然後話鋒一轉，聲稱也已證明相當不同的另一件事，用這種手法欺騙我們。統計數字並沒有證明他們所說的事，我們提出兩套策略，用以察覺這種欺瞞不實的手法。

其中一套策略是，對溝通者所舉的統計數字視而不見，並提問：「要證明他的結論，哪種統計證據才有用？」接著，比較所需的統計數字和對方提供的統計數字。如果兩者不合，你可能已經找到欺瞞不實的數據。以下的例子是你運用這套策略的機會：

搭乘本市地鐵時，你的智慧型手機極有可能遭竊。我剛讀到一份數據，指出行動電子產品有七〇％是在地下鐵中失竊的。

該如何證明行動電子產品容易在地下鐵遭竊？你可能會需要被偷竊的機率，而不是「行

動電子產品」被竊的機率。數據證實了一件事，亦即發生在地下鐵的竊案大部分和行動電子產品有關，卻沒有證明這種竊案發生的機率。為了回答這一點，你需要提問：「在地下鐵被偷的都是什麼樣的東西？」竊案可能不多，但多數的結果是行動電子產品遭竊。我們可以從這個例子得到一個重要的教訓：密切注意統計數字和結論的遣詞用字，觀察它們是否指同一件事。

我們往往很難知道該用什麼統計證據來支持某個結論。因此，我們要再提一套策略：對結論視而不見的同時，要非常仔細地檢視作者的統計數字，然後提問：「從這些統計數字，可以合理得出何種結論？」接著比較你的結論和作者的結論。請在下例運用這套策略：

> 外遇。
>
> 幾乎有一半的美國人外遇，欺瞞自己的配偶。一位研究人員最近在一家大型購物中心訪談了七十五個人，其中有三十六人承認自己的朋友正與其他人祕密約會，大搞外遇，至少有一次瞞著配偶與他人約會或發生性關係。你有沒有看出統計數字所證明的事情，和作者作成的結論之間有什麼不同？如果看得出來，表示你已經找到作者如何用統計數字說謊。

你是不是得出了以下結論？約有二分之一居住於某特定地區的人承認：自己的朋友曾經

以遺漏資訊的方式行騙 ●

統計數字往往因為不完整而欺騙我們。因此,確認統計推理瑕疵的另一個實用策略,是提問:「你還需要哪些資訊,才能判斷統計數字產生的影響?」以下我們用兩個例子,來說明這個問題的實用性。

1 大型企業正在摧毀本鎮市中心地區的小鎮氛圍。光是去年一年,鎮上的大型企業增加了七五%。

2 愛滋防治計畫亟需增加主要資金來源。二〇〇九年共有五萬四千人罹患愛滋。

乍看之下,七五%這個數字的確嚇人。中間卻遺漏了某樣東西:這個百分率是根據哪些絕對數字(absolute number)算出來的?如果我們知道大型企業是從四家增加為七家,而不是從十二家增為二十一家,就不至於那麼驚慌。而第二個例子雖有數字,卻缺少百分率。我們不需要知道二〇〇九年的患病人數在愛滋病患總人口的占比嗎?

第二個例子也呈現了當今社會常見的現象:試圖藉由凸顯全國性的數據來喚醒社會大眾對此議題的重視。儘管這個問題刻不容緩,但如果我們用全美約五萬四千人除以三億人口,得出的百分率約〇‧〇二%。

因此,請務必提高警覺。你可能需要取得更多的資訊,才能確定這些數字有多可怕。眼

前只有絕對數字時，請想想百分率可否幫你做出更好的判斷；只有百分率時，則思考絕對數字可否提供更多佐證？

看到統計數字，一定要問：「還遺漏了哪些相關資訊？」

評估統計數字的線索：

1. 盡你所能，了解統計數字是怎麼得來的。提問：「作者或說話者是怎麼知道的？」

2. 對於文內所說的平均值，要設法尋求更精確的定義。

3. 作者或說話者利用統計數字證實了一件事，並進而證明另一件事時，要提高警覺。

4. 對作者或說話者的統計數字視而不見，然後比較所需的統計證據和作者或說話者實際提供的統計數字。

5. 根據統計數字提出你自己的結論。如果你的結論和作者或說話者的結論不符，那麼其中一定有什麼地方不對勁。

6. 試著確定遺漏了什麼資訊。要特別留意遺漏的數字和百分率，以及遺漏的數字對比。

寫作時數據資料的引用 •

希望各位寫作時都能引用數據資料作為例證，若引用得宜，統計數字將是有價值的利器，不僅有助於形容並理解趨勢和模式，也能作為預測的依據。數據資料可以增加論述的說服力。儘管如此，本章也闡明了引用數據的風險。對於未受思辨訓練的讀者來說，統計數字彷彿具公信力的事實，但各位現在都已知道，所謂的真相容易受到有心人士的操弄。身為關注批判思考的作者，你必須知道如何權衡輕重。除了千萬不可使用欺瞞騙術以外，也需要知道如何以簡明好懂的方式來呈現複雜的統計數字。

論述中包含數據資料時，為求謹慎，請務必用一些篇幅說明統計數字生成的過程，以及數據資料的含義與限制。如此一來，讀者會更加信任你，因為你展現的是開誠布公、童叟無欺的態度，而非一手遮天、掩蓋事實；另一方面也能激勵讀者成為強義批判思考者，有能力獨立思考並決定眼前數字可信度、提供個人解讀。這類補充說明可放在正文，也可收錄於註解或附錄，端看是否屬於正式寫作，以及所屬領域慣用的寫作風格。

Q 批判性問題：統計數字可信嗎？

針對以下各練習題，找出證據不適當的地方。

短文 1

如今，競選活動已變得太過鋪張，金錢在各項選舉中逐漸成為關鍵。目前，勝選的參議員平均投入八百萬美元於競選活動；而總統候選人更需要準備高達三億美元的競選預算。此刻應是徹底改革的時候了，我們不能讓政治人物僅靠著砸大錢做宣傳，就能買到公職。

短文 2

待在家裡越來越不安全了。和居家生活相關的受傷事件逐漸增加。二〇〇〇年，約有二千三百十四位十四歲以下的兒童死於居家意外；每年約有四百七十萬人被狗咬傷；更糟糕的是，連電視這種相對安全的家用電器也會產生危險。事實上，每年都有四萬二千人被電視機和電視架砸傷。待在家裡竟然會發生這麼多意外事件，也許大眾該考慮多花時間到戶外活動了。

短文 3

一項新的研究指出，傳送大量訊息的青少年較可能有行為不良的傾向。此研究樣本本來自密西根某郡的學生，他們大部份都出生於社經地位較低的家庭，屬於弱勢族群，也沒有父親。研究發現，頻繁傳送訊息的青少年中，曾抽過菸的比例可達五○％；參與鬥毆的比例可能達到四五％；而酗酒的比例則可達三五％。家長應將這項研究視為警訊，規勸孩子不要頻繁傳送訊息。

短文 1

結論：應徹底改革競選風氣。

理由：政治人物在競選活動上花費過高。參議員平均每人花費八百萬美元，而總統候選人的競選費用更高達三億美元。

競選花費真的太高嗎？看到「平均」和「一般來說」等詞彙，我們就應該提高警覺。我們需要知道這些統計數字使用的是哪一種平均值，平均數、中位數還是眾數？比方說，使用參議員競選經費的平均數，可能會讓情況偏離事實，因為砸大錢的現象只發生在少數選情特別緊繃的地區。至於許多基本上確定連任的參議員，並不會一擲千金。換句話說，中位數或眾數的數值可能會低得多。同時，若能知道競選經費的「全距」和「分布」，應該能讓我們更容易判斷這個議題的重要程度。

此外，文中也遺漏了重要的對比數據。比方說，競選花費和前幾年的類似費用相比如何？其他公職選舉的花費又如何？也許費用實際上不增反減。

短文 2

結論：待在家裡越來越不安全。

理由：和居家生活有關的受傷人數逐漸增加。

佐證：一年有二千三百名兒童死於居家意外。

每年有四百七十萬人被狗咬傷。

每年有四萬二千人被電視砸傷。

要評估這個論述，我們應該先提問：什麼樣的證據最適合回答「居家生活是否比以前更不安全」？依我們之見，要回答這個問題，最符合的數據是比較現在和過去每年嚴重居家傷亡的百分比。另外，和往年相比，在家每小時的平均受傷人數也是相關數據。如果人們留在家裡的時間比過去更長，那麼，受傷機率提高也就很合理了。

文中針對論述所提出的證據也有疑問。第一，作者未提供居家傷亡的數字，只寫了「傷亡人數逐漸增加」，卻未提出證據證明增加的幅度。第二，沒有兒童死於居家意外的詳細資料；若和往年相比，又是如何？第三，狗咬傷人的數字有誇大之嫌。我們無從知道咬人事件是否真的發生在家裡，更何況，狗咬傷人與「居家環境不安全」這個結論似乎沒有太高的關聯性。第

四，電視傷人的數據也問題重重。作者是從哪裡獲得這些令人心驚膽跳的數據？受傷的情況又嚴重到何種程度？

11

C H A P T E R

遺漏了哪些重要資訊？

本章學習目標

1 謹記任何論證都會遺漏資訊

2 培養問問題的習慣，讓遺漏的資訊現形

以下廣告文案的說服力如何？

治療背痛，請認明最多醫師指定處方用藥——「痛解樂」！

這則廣告的目的，當然是想說服你購買更多指定的產品。就算你的批判思考技巧不像現在那麼圓熟，也知道這些廣告並沒有說出全部的真相。比方說，「痛解樂」公司可能比其他藥商給醫院更優惠的折扣、提供更多免費樣品，或招待使用該公司產品的醫生出遊，但你在廣告中不可能看到這些資訊。而這些看不到的資訊卻關係著你如何處理背部的疼痛。

批判思考者追求的是「自主」的優點，然而，如果只能取得非常有限的資訊，他們恐怕很難做到「自主」決策。幾乎所有的結論或產品都有一些正面的特質。那些只想讓我們知道某些特定訊息的人，必然是將這些正面特質說得既詳細又生動，卻隱藏結論裡的弱點。因此，要做到真正的「自主」，我們必須堅持不懈地尋找被隱藏的東西，無論作者是無心或有意為之。

提出你在前幾章學到的問題，例如和曖昧不明、假設、證據有關的問題，可以察覺作者或說話者遺漏的不少資訊。但是，搜尋更完整的遺漏資訊，對批判性評估來說十分重要，值得進一步強調。本章試著增進你的敏銳度，了解沒說的話有多重要，並提醒你：在評估論述中的外顯部分時，只是對不完整的畫面作出反應。因此本章要探討一個極其重要的問題，你

Q 批判性問題：遺漏了哪些重要資訊？

找出遺漏資訊的好處 ●

你必須記住：眼見的任何資訊，幾乎都帶有目的。換句話說，任何資訊的組織結構，是由某人將之整理後，企圖以某種方式影響你的想法。因此，你的工作是決定要不要滿足那個被選定的目的，而那個目的往往是為了說服你。

廣告主、老師、政治人物、作者、說話者、父母，都會組織資訊，想要左右你的決定。因此，想要說服你的人，幾乎總是試著打出最強的光束來突顯他們的立場。若你發現自己深信不疑的理由具有說服性，就有如你正要採探的天然金礦，最好心生疑慮，想想有什麼事情作者可能沒告訴你、或未經你的批判性問題檢驗。

在你了解表面上足以支持結論的理由，其實是靠遺漏某些重要的資訊才言之成理之後，這些乍看之下吸引人的理由，便不再那麼引人入勝。所謂「被遺漏的重要資訊」，指的是左右你是否被作者或說話者的論述影響的資訊，也就是形成推理的資訊。本章將列舉許多說服力不強的推理例子，究其原因，不是出在作者或說話者的發言，而是被遺漏的事情。仔細研讀這些例子，並留意假如漏掉這些資訊，你將如何作出不成熟和可能錯誤的判斷。

推理不完整的必然性 ●

推理不完整是無法避免的。若要究其原因，第一是時間和空間有限；論述不完整，是因為溝通者無法持續組織整理，也缺乏無限的空間或時間來提出他們的理由。

第二，大部分人注意力集中的時間（attention span）非常短，訊息太長，我們就會感到

不耐煩。因此，溝通者經常覺得有必要盡快將訊息傳遞出去。廣告主和評論作者都有這種傾向。舉例來說，用於散播廣告訊息的時間相當短，空間也相當有限，而且這類訊息必須既吸引人、又能維繫我們的注意力。廣告主因此將許多資訊略而不提。

第三，發表論述的人，擁有的知識總是不夠完整。而第四個理由，是說話者或作者刻意欺瞞造成的。廣告主心知肚明自己遺漏了重要的資訊片段，若是他們一一描述產品中的化學藥劑或便宜的成分，你購買產品的可能性也許就會降低。各行各業的專家，在公開揭露所有資訊時往往會故意遺漏一部分。想給你建議的人，如果把你視為「海綿」，遺漏資訊的情形會格外嚴重。

遺漏資訊處處可見的最後一個理由是，企圖建議或說服你的人，價值觀、信念、態度往往和你不同。因此，面對相同問題時，引導他們進行推理的假設，和你的假設不同。批判思考者很重視好奇心與合理性。然而，打算說服你的人，往往會消弭你的好奇心，設法引導你相信訴諸情緒且不合理的回應，結果做出不適當的抉擇。

打個比方，特定觀點宛如馬的眼罩。眼罩可以讓馬專注於正前方的事物。個人的觀點和馬的眼罩很像，使人注意不到某些「特定資訊」，而這些資訊對於從不同參考框架推理的人而言卻無比重要。好萊塢知名演員麥特・戴蒙（Matt Damon）在《神鬼認證：最後通牒》（The Bourne Ultimatum）的角色有句名言，正是最佳例證：「有意思的是，坐在不同位置，看到的風景就大不相同。」

表11-1　推理不完整的理由

✓	有限的時間與空間，也限縮了論述內容的完整性
✓	因人們注意力極為有限，必須快速提供訊息
✓	發表論述的人擁有的知識並不完整
✓	論述常會騙人
✓	發表論述的人所持的價值觀、信念、態度等，常與你不同

問對問題，找出被遺漏的資訊 ●

該怎麼尋找被遺漏的資訊？剛開始的時候，你必須一再提醒自己：無論支持特定決定或意見的理由乍看之下多麼吸引人，都有必要再三思量，尋找遺漏的資訊。務必記住：運用這個批判性問題時，尋找遺漏的資訊是極其重要的第一步。

該怎麼尋找，以及可以預期找到什麼？先透過提問，幫助你決定哪些額外資訊是必要的，接著再次提問來揭露那些資訊。

你可以利用許多不同類型的問題，來尋找被遺漏的相關資訊。至此你已經學會提出的某些問題，可以用於凸顯被遺漏的重要資訊。比方說，針對語義曖昧不明、證據的使用以及假設的品質，提出批判性問題，通常可以找到被遺漏的相關資訊。此外，為了幫助你尋找可能被其他批判性問題忽略的遺漏資訊，下面提供一張清單，列出一些重要的遺漏資訊類型，以及有助於察覺遺漏資訊的問題例句。

各位都看過這類廣告詞吧？例如：「五個醫生中有四個同意」、「純天然」、「零脂肪」、「低膽固醇」、「對心臟有益」、「第一名領導品牌」、「美國糖尿病協會ADA證實」、「無添加防腐劑」等。這些廣告詞或許資訊正確，卻可能因遺漏資訊而誤導消費者。

統計數字的必要性 •

你或許還記得，想做出合理的比較，必須知道價值觀的範圍與比例。假設我們已知美國在「世界快樂量表」的得分比丹麥高。由於「快樂」通常泛指人類幸福，抑或對某些人而言是指「人生的目的」。美國所謂的相對幸福感，對丹麥或其他國家可能是一種訊號，代表如何組織經濟活動與社會習慣。無論如何，我們都需要足夠多的資訊，才能導向結論。

快樂量表的評分範圍怎麼設計？應答者填寫問卷時，答案是從一至二分計算，還是一至

一百分？美國與丹麥應答者的精確分數差異為何？請注意，如果平均分數幾乎一樣，或相差了五十個單位，對於分數不同的意義，解讀也可能大不同。因此，當資訊具有數值大小關係時，務必知道精確的數字。

上述快樂量表的例子，點出了重大且有意義的「資訊缺失」問題。我們使用的許多字詞都隱含著尺寸、範圍或比例，如果沒有找出這些字詞背後的精確資訊，我們很容易會被誤導。本節重點在於，當字詞或詞彙可以用單位來衡量時，在做決策之前務必獲知那些單位的精準數字。

尋找常見重要資訊類型的線索

一、常見的反論述

　1. 不同意的人會提出什麼樣的理由？

　2. 是不是有其他的研究調查，和眼前這份研究調查相互牴觸？

　3. 是不是有一些被遺漏的例子、證詞或類比，可用以支持論述的對立面？

二、被遺漏的定義

　1. 如果以不同的方式定義關鍵詞彙，眼前的論述會有什麼不同？

三、被遺漏的價值觀偏好或觀點

1. 可以從其他哪一組價值觀來談這個議題？

2. 從不同的價值觀來談這個議題的人，會發表哪一類的論述？

四、論述中間接提到的「事實」來源

1. 「事實」從何處而來？

2. 事實主張有合格的研究或可靠的來源支持嗎？

五、用於蒐集事實資料的作業程序細節

1. 有多少人完成問卷？

2. 調查問題的遣詞用字如何？

3. 填寫問卷的人是否有充分的機會提出與問卷設計方向不同的答案？

六、蒐集或組織整理證據的其他技術

1. 訪談調查和書面問卷的結果可能有什麼不同？

2. 實驗室實驗得出的結果，可信度與知識含量就會更高嗎？

七、被遺漏或不完整的數字、圖表、數據

1. 如果包含前幾年或者後幾年的資料，數字看起來會不一樣嗎？

2. 作者是否「曲解」數字，好讓差異看起來大些？

八、遺漏資訊

1. 該論述對於所主張和所反對的事，造成的正負面、長短期影響行動方案的重要正面或負面後果？

九、捍衛特殊預測技巧時，遺漏了失準或大錯特錯的預測

1. 靈媒或直覺論者在宣傳自身特殊能力時，務必詢問他們預測錯誤的機率有多高？

2. 決定經濟學家、財金專家、運彩玩家與政治名嘴是否真有預測能力之前，我們務必獲知他們預測失敗與成功的機率，兩者一樣重要。

2. 我們需要知道該方案對政治、社會、經濟、生態、心靈、健康或環境各領域造成的影響嗎？

「為了確定各位都很清楚詢問確切數字的重要性，下列例子可以幫助各位提出「但我想先知道確切的數據。」

1 有上大學的人，在二十三歲成功就業的機率更高。

2 每天喝二盎司酒精飲料的人，將可逐漸提升放鬆能力。

3 大學時期與不同國籍、文化背景的室友同住，可減少出國旅遊水土不服的情形。

看到任何用到「更多」、「更快」、「更瘦」、「只要……（多少時間）」等與尺寸、範圍有關的字眼，請提高對其相應數字的敏銳度。每當遇到諸如此類「需要確切數字的觀

念」，請謹記「慢想」的重要性，使用系統二思考來蒐集各種必備的數據資訊，就能謹慎決定自己「該相信什麼」以及「該做什麼」。

負面觀點的重要性 ●

有一類常被遺漏的資訊實在太重要了，我們覺得有必要在此特別提醒你：亦即提倡某種行動（如新科技、業界擴張、公共政策等）的潛在負面效應。我們強調負面效應，是因為提議採取這些行動的人，通常只提及它們的益處，例如更多的選擇、更快的速度、更好的外觀、更多的休閒、提高壽限、更多更好的商品。但由於大部分的行動都會產生廣泛的正面和負面衝擊，我們必須問：

● 社會中的那一群人不會受益於此行動方案？誰會蒙受損失？蒙受損失者有什麼話要說？

● 行動方案如何影響權力的分配？

● 這項行動如何影響我們的健康？

● 這項行動如何影響我們的人際關係？如何影響我們與自然環境的關係？

對於以上每一個問題，我們也一定要問：「這項行動的潛在長期負面效應是什麼？」

為了說明針對這些遺漏資訊的提問很有用，讓我們來思考以下的問題：成立一所新的大型學校，可能產生哪些負面效應？你想過以下的可能性嗎？

● 危害環境：比方說，蓋這所新學校會不會導致林地消失？潛在居住地的消失，會對當地野生動物造成何種影響？

● 教育版圖改變：如果有經驗的教師或表現優異的學生都選擇就讀這所學校，將有何影響？若其餘學校的教育經費與補助都被剝奪，集中把注於這所新學校，又會有何影響？

● 對房價的影響：如果以國內標準而言，這所學校的表現不佳，會如何反映在周圍地區的房價？

● 稅賦加重：這所新學校的資金與經費來源為何？若是公立學校，落成後為維持營

運，當地的房屋稅可能提高。

尚未提及的遺漏資訊 ●

即使你懂得要求提供重要的遺漏資訊，也不能保證得到滿意的答覆。那些探索性的問題很有可能無法得到回答。別洩氣！你已經盡了力。你已經要求獲得一些資訊，好幫你下定決心，現在你必須確定，少了那些遺漏的資訊，是否有可能作成結論。前面我們曾提醒過，推理總是不夠完整。因此，若你認為在資訊仍不完整的情況下，就無法作成決定，這將會使你無法表達任何意見。

使用這個批判性問題

一旦你認為論述中有資訊缺漏，該怎麼辦？合理的首要反應，便是去尋找那些資訊。但一般來說，你會遭遇阻力。身為批判思考者，你大可表示，由於缺少了某些資訊，所以無法認同作者的論述，然後繼續搜尋所需的資訊。抑或是基於該論述優於其他的論述，審慎地同意作者的推理。

如第十章所述，推理過程中必然會遺漏資訊，身為作者與說話者，握有增刪哪些資訊的大權，為了使我們的論述符合批判思考的目的，針對被遺漏的資訊，請留意下列重點：

1. 主旨（thesis）力求精確。撰寫論述主旨時，確認沒有任何被遺漏的資訊，足以影響讀者理解作者的主張或訴求。

2. 針對主旨，應有足夠的資訊，讓我們了解自己所持的立場。儘管任何論述都免不了遺漏了某些資訊，決定要支持某個結論之前，應設法蒐集充分的相關資訊，才能清楚知道我們的信念，做出明智的決定（informed decision）。

3. 建構論述應有所選擇地過濾資訊（selective filtering）。審慎檢視我們提出的理由與證據，確保關鍵資訊萬無一失。

4. 選擇忽略或刪除某些重要資訊時，應在挑戰相反觀點時說明之。

建構自身論述時，精確聚焦的主旨對讀者很有幫助。我們在第二、三章的〈批判思考者如何說、怎麼寫〉討論過，為求論述內容聚焦，重點在於針對議題寫出主旨。本章則將焦點放在主旨的精確度，這點透過清楚定義與聚

焦即可做到。

太過概略或模糊不清的主旨，常常省略了有助於指引閱聽大眾了解論述的必要資訊。主旨中被遺漏的資訊也會造成誤解，可能減少論述的有效性，不論我們是支持或反對的一方，與讀者理解的可能完全不同。做出結論之前務必思考哪些資訊可能被遺漏了。再者，如果被遺漏的資訊足以影響論述有效與否，具備明確主旨的引言就應當納入該資訊。

例子有助於說清楚、講明白。假如作業是撰寫一篇演講稿，題目是「大學應不應該完全免費？」假設我們都認為上大學應該完全免費，而提出以下結論：應該讓每個人都免費上大學。寫作的第一步「寫出聚焦的主旨」即宣告完成。然而，緊接著我們就該問：「結論遺漏了哪些資訊，以致可能違反論述的清晰原則並降低說服力？」

我們可以從檢視主旨中的關鍵字開始審慎評估。有沒有任何資訊可以幫助釐清主旨中的關鍵字？「大學」是關鍵字嗎？乍看似乎是，但包括公私立大學嗎？或者涵蓋所有的大學、社區學院與文理學院？有立案或沒立案？函授或面授教學？再者，「免費」一詞又怎麼說？教職員工的薪水發放、學校建築與校園的維修管銷費用等，在此脈絡下，「免費」該作何解釋？用納稅人的錢來支付一切費用嗎？學生是否免繳學費，但仍應支付宿舍、餐飲與設

備等雜費？這些問題有助於我們找出被遺漏的資訊，以及遺漏的部分如何造成誤解，或是讓讀者難以理解。想增加主旨的精確度，就需要適度改寫。往下讀之前，試著自行發想一個主旨，涵蓋我們每個提問。

作者或說話者很容易會「蓄意」遺漏那些無法支持結論的資訊，以為這樣做就能增加論述的有效性。或許是認為讀者不會知道哪些資訊被遺漏了，所以沒有告知的必要？若有這種不可取的想法，永遠都拿不出合理又有強大說服力的論述。我們可能會受這種不好的論述影響，對自己一意孤行的觀點洋洋得意，但要不了多久，除了被具思辨能力的讀者指出嚴重錯誤，也無法用合理縝密的主張或訴求，來達到說服讀者的目的。身為批判思考者，萬萬不能為了說服讀者或說話者就不擇手段，相反的，我們應提出有力的論述，無須耍手段就能贏得人心。

為了提升在論述中涵蓋重要資訊的可能性，我們應當列出支持正反兩方的論點。透過這種練習，可讓我們綜觀何謂「有力的論述」需具備的要件，也可幫助我們提出良好理由與證據來支持結論，同時理解我們必須提出的相反論點（counterargument）。為了確保所列清單可廣泛蒐集各種有力的關鍵資訊，我們在思考與研究議題時就應問出批判性問題。二九八頁的「尋找常見重要資訊類型的線索」可幫助我們列出清單。做出結論之前，並非每個

線索都必須上場，不過這份清單是個好的開始、亦是成功的一半。

請看看上述結論改寫過後的版本：

公立大學應該減免所有本州學生的學費。

請注意，為了縮小「教育」與「免費」的定義，新結論增加了重要的資訊。現在簡短列出正反方的觀點，如此一來，我們便能擴大討論被遺漏的資訊及其對論述的影響。

正方論點：

本州全體學生若能免費進公立大學就讀，將能縮小貧富差距。人民受良好教育，政府的效能也會更好，因此，更多州民接受高等教育，全體州民都能獲益。

反方論點：

不論你是否上大學，免學費代表要對所有人增稅。

免學費無法保證人人都會上大學，因為仍有許多教育方面的費用是

無法減免的。

為了揭露被遺漏的資訊，我們需要問出與正反論點有關的問題。以下列出一部分問題範例，請在建構有效論述之前回答：

1. 有無證據顯示貧富差距與教育有關？

2. 有無證據指出免學費將能增加大學入學率？

3. 何謂「受良好教育的人口數」與「效能更好」？

4. 哪些人儘管免學費依然無法上大學？

5. 有無證據顯示我們在大學接受的教育的確提升了政府機關的效能？

如清單所見，有許多問題需要更進一步的資訊，論述走向與結論可能隨之改變：免學費真能如原先設想地有益嗎？若能擁有衍生這些問題的資訊，對誰有益？我們必須決定哪些被遺漏的資訊不可或缺、哪些可以略而不談？

請注意，清單上包括正、反兩方的論點。省略對結論無用之事，只考慮對結論有利之事，乃人之常情。因此，不可讓清單太偏正面觀點。一開始就

凸顯正面觀點看似是一件好事：我們的論述有好多正面觀點，支持果然是對的！然而，毫無負面觀點的論述，並不是論述，而且可能連說或寫的價值都沒有。

認清支持與反對的論點、檢查被遺漏的資訊等程序，迫使我們在辨識過去未曾思及的關鍵資訊時，不得不去檢視、甚至捨棄自身信念，不過，就某些方面來說，第二步的「選擇性過濾資訊」更加困難。蒐集完可能需要的所有資訊之後，必須選出最重要的資訊──但也可能只有些微重要性、或是一點都不重要。我們也該適度地考慮，如何才不會讀者感到無聊至極。在與讀者產生連結的前提下，收錄無關緊要的資訊也不無可能。

切記，人永遠不可能擁有「一切」資訊。有些問題是無法回答的，況且我們也沒有時間去研究完美論述所需的其餘元素。不過有一點請務必確認：最多批判性讀者提出的問題，就非說明不可。

以下各段例文中，都有重要資訊被遺漏了。請列出清單，向每篇文章的作者提問。試著針對每篇文章，解釋為何這些資訊會影響你判斷文中推論的優劣。

短文 1

研究顯示，大學生是體重容易過重的族群。更精確地說，近期有一份以十年為單位的研究指出，大學生過重的比例正在增加。二〇〇二年，有二五‧四％的大學生過重；到了二〇一二年，增加為三〇‧二％。研究人員推測，造成大學生過重的主因是不健康的飲食以及飲酒量增加。

短文 2

基因複製技術可望替醫學領域帶來各項重大突破。這項技術若能充分發展，人類將不會因為等不到器官捐贈而死亡。有了基因複製技術，研究人員可以人工培養新器官，以供移植到有需要的病人身上；此外，由於這些器官是從病人本身的組織複製而來，並不會產生排斥反應。我們可以在屍體上培養器官，也就沒有「一命換一命」的難題。基因複製的另一項優點是可用來對抗疾病。複製器官所製造的特定蛋白質可被用來對抗如糖尿病、帕金森氏

症和囊腫纖化症（cystic fibrosis）等疾病。

短文 3

標準化測驗總是飽受批評。然而近期有一份研究指出，標準化測驗可能對學業成績有所幫助。這份研究以全美五百間高中為樣本，要求部分學校在學年中舉行一次標準化測驗，而另一組學校則舉行兩次。舉行兩次測驗的學校，畢業率和只舉行一次測驗的學校相比，高出了二○％；同時，舉行兩次測驗的學校，大學錄取率也比只舉行一次測驗的學校高出三○％。這些發現清楚說明了標準化測驗的優點。

短文 1

結論：大學生是體重容易過重的族群。

理由：近期一份研究發現，大學生過重的原因是不健康的飲食以及飲酒量增加。

有哪些資訊被遺漏了嗎？舉例來說，從經濟狀況或壓力來源來看，造成大學生和其他族群過重的原因有何不同？其他研究是否也得出了相同的研究結果？研究如何選擇樣本？比方說，自願參與者和隨機樣本之間是否有很大的差異，導致結論產生偏差？

短文 2

結論：基因複製技術可為醫學領域帶來利益。

理由：
1 基因複製可用於人體器官移植。
2 基因複製可用來協助對抗特定疾病。

首先，文中極力主張採用一項新技述──人體複製，並且只提及優點，

隻字未提可能的缺點。而我們所要做的是同時考慮優缺點。使用複製器官可能產生哪些嚴重的副作用？複製器官能夠像原本的器官一樣穩定嗎？基因複製技術對人類決策可能產生哪些正面和負面效應？一旦器官可汰舊換新，人們會因此輕忽自己的身體和器官嗎？有了這種科技後，人類會不會濫用它來製造「複製人」，從事非法行為？「複製人」會不會讓地球的人口壓力加劇？這項技術的優點可能遠遠超過缺點，但我們需要兩者都了解，才能判斷結論是否合理。接著，讓我們檢視此研究中遺漏的資訊。你是否注意到，文中沒有引用任何一篇研究？事實上，這篇論述沒告訴我們的是，美國從未實際進行人體器官複製。因此，所有複製技術帶來的利益都只是假設。至於未來的研究是否能證實這些假設？我們無從得知。

12 CHAPTER

找出任何可能的合理結論？

本章學習目標

1 提防二分法思考造成的危險

2 發展灰色思維，捨卻黑白思維

本書至此，你應該更有能力篩選知識上的黃金——區別較強和較弱的理由。

請看以下論述：

大企業花太多時間和金錢做兒童廣告。電視上的兒童節目充斥著推銷最新玩具的商業廣告，不停告訴孩子們：沒有它，你不會快樂。這種廣告手法太可怕，應該被認定為非法行為。針對沒有能力分辨廣告內容好壞的兒童大肆宣傳，帶給父母很大的壓力。父母能做的不是拒絕、就是屈服於孩子的要求。拒絕會讓孩子生氣；屈服又可能寵壞兒女。父母難為！

你應該督促自家選區的國會議員，立法禁止以兒童為受眾的廣告嗎？假使你探討作者提出的理由後深信不疑，你是有可能這麼做。作者提出上述理由，做了那樣的結論；但是同樣的理由，是不是也有可能得出其他不同的結論？本章將彙整前面各章，指出同樣的理由，也有可能得出幾個替代結論。事實上，只能合理推論出一個結論的狀況極少發生，在第九章，我們討論了對立成因的重要性，其重點就在一個結論可能有各種不同的成因。本章則聚焦於從一組理由推論出各種可能的結果，來作為替代結論。

所以，你必須確定自己最後接納的那個結論，最為合理、也最符合你的價值觀。若得知另有理由，可以支持和你不同的結論，應該會激起你的興趣，多加測試或研究，期望找到最

好的結論。

二分法思考：考慮多種結論的絆腳石●

重要的問題，很少能以簡單的「是」，或斬釘截鐵的「否」回答。當人們以非黑即白、是或否、對或錯、正確或不正確來思考，便叫二分法思考（dichotomous thinking）。這種思考法，是假設一個問題只有兩個可能的答案，但實際上也許有好幾個答案。

前面討論「二選一」謬誤時，曾經觸及二分法思考。這種謬誤，以及一般的二分法思考，會過度限制我們的視野而不利推理。我們以為考慮了兩種可能的決定，就大功告成，因此對其他諸多選項置之不理，也錯失了選擇其中之一可能帶來的正面結果。二分法思考者的思想偏執僵化，因為他們並不了解脈絡對於某個答案的重要性。為了把這件事弄清楚，我們

來談下述狀況：

室友請你幫他想想倫理學報告要怎麼寫。這份報告的題目是：人應該說實話嗎？他認為，這份報告要求他回答「是」或「否」，並為自己的立場辯護。而你已經學會，要避免二分法思考，可以把結論定性化，也就是將結論放到某個情境脈絡中去討論。定性化的程序，需要你對任何結論提出以下問題：

1. 結論何時正確？
2. 結論在何處正確？
3. 結論為何或者因為什麼目的而正確？

於是你開始把這個程序運用到報告的撰寫上。你向室友解釋：在某個特定的時間、處於某種特定的狀況，為了把特定的價值或目標最大化，人應該說實話。如果他越聽越洩氣，你會感到驚訝嗎？他要的是「是」或「否」，你提出的答案卻是「得看……狀況而定」。僵化的二分法思考，會限制你的決策和意見範圍。更糟的是，二分法把複雜的狀況過度簡化。因此，二分法思考者混淆狀況的風險很高。

下一節將具體說明二分法思考的限制作用（restrictive effect）。

318

灰色思維：兩面或多面？ •

只要是人類想得出來的重要問題，幾乎不可能只有兩種答案。因此，非黑即白、只有正反兩面的思維企圖化繁為簡，隱蔽了一個問題擁有各種可能的答案，只讓人兩選一。

舉例來說，試想你正在考慮要不要主修化學？得出結論前需要先收集足夠且大量的脈絡知識。我有夠格的化學腦嗎？其他系怎麼樣？化學界的工作機會不會被聰明的人工智慧機器取代嗎？職場上，化學人員的需求與本科系學生人數比例是多少？訓練學生成為化學家的教授強不強、在化學界人脈廣不廣？上述只是信手拈來的一小部分問題，決定是否主修化學之前還有很多問題要問。

灰色思維意指反省思考（reflective thinking，又稱「反思階段」），目的在於替複雜的問題找出「是」與「不是」以外的答案。黑白思維只給兩個答案，塑造快又令人滿意的假象，然而當你只知道二選一，看不到多元思維時，即代表你離睿智思忖結論，以及未來可能的成就越來越遠了。

在討論可能得出多個結論的幾段論述之前，先來確定你確實清楚這點：大部分重大爭議，都可能有許多結論。以下舉出美國一直存在的問題：

美國是否應該派兵到其他國家去維持和平？

乍看之下，這個問題以及類似的其他許多問題，似乎只要求回答是或否。但是有條件的是或否，往往才是最好的答案。說某個答案的好處，是強迫你承認自己懂得還不夠多，沒辦法提出肯定的答案。但在你避開肯定的答案的同時，等於做了臨時性的決定或發表臨時性的意見，而這個決定或意見，本來需要你有所承諾和採取行動。一旦你曉得自己永遠沒辦法確定如何回答某個複雜的問題，最好接受這個事實：即使明知遺漏十分重要的資訊或者認識不清，也有必要作成決定。尋找額外的資訊，改善你的意見獲得的支持力度，確是明智之舉，但是到了某個時間點，即使你願意為其辯護的最強力答案是「沒錯，可是……」，還是必須停止繼續搜尋下去，趕快作成決定。回頭去看上段之前的那二個問題。

問自己：每個問題各有哪些可能的結論？當然了，簡單地答是或否，是兩個可能的結論。還有其他結論嗎？有的，多的是。以下我們列出第一個問題可能的幾個答案。

請注意，每個答案，我們都加了條件，結論才能成立。在缺少任何資料或定義的情況下，上面七個結論中的任何一個，都有可能十分合理。這七個答案，只是第一個問題的若干可能結論而已。

美國是否應該派兵到其他國家去維持和平？

1. 是，若這個國家與美國的關係錯綜複雜，需要小心處理，如沙烏地阿拉伯。

2. 是，如果美國被視為世界唯一超級強權，負有維護世界和平的責任的話。

3. 是，如果美國的角色被限制在維持和平而且不用實際參與戰爭的話。

4. 是，當美國的經濟利益受到威脅時。

5. 是，當美國人在其他國家可能受到傷害時。

6. 否，美國有太多內政問題必須處理，不該再花時間去管別的國家了。

7. 否，如果維護世界和平是目標的話，這種行動應該交給聯合國或北大西洋公約組織去做。

「如果」的好處 ●

回頭去看本章談過的各種可能結論，你會發現，這些結論都能成立的原因，在於論述中遺漏了一些資訊、定義、假設，或者和分析理由的人身處的參考框架有關。因此，善用「如果」子句，可以得出多個不同的結論。在「如果」子句中，我們陳述一種條件，以便得出特定的結論。使用「如果」子句，得出某個結論時，我們不必假裝自己對某個爭論性議題懂得

比實際上還多。使用「如果」子句導出結論，就表示你對於沒有把握的議題，是根據特定的主張或假設得出某一結論。從以下各結論之前的條件語句，可以更清楚了解這句話的意思。

1 如果減稅是針對經濟底層的弱勢族群，那麼……

2 如果小說內容包括一位容易辨認的主角、一位明顯的反派人物和一段令人毛骨悚然的高潮，那麼……

3 如果車商能生產更省油的汽車，那麼……

欲檢驗論述並提出合理結論之前，「如果」子句是絕佳的助攻，可用於音樂、藝術鑑賞、大學評鑑、為總統演說打分數等等，因為這類議題必須選擇你的判斷標準，據此論證你的觀點。

「如果」子句可以提供多種結論。在對爭論性議題作成決定之前，可能會想要多方考慮這些結論。「如果」也可以擴大可能的結論清單，好讓你從中選擇自己的意見。

322

替代結論的自由解放效應 •

如果邏輯、事實、研究調查不可言傳，我們可以用一種特殊的方式去學習。我們的任務，將是找一個人，也許是位老師，傳授我們應該持有的信念。明確地說，邏輯或事實要我們接受哪一套信念，我們照做不誤便是。雖然我們形成結論的過程中十分尊重邏輯和事實，卻不能誇大邏輯和事實引導我們形成結論的價值。但在形成結論的過程中，它們只能引領我們到某個程度；至於邁向信念的其餘路程，在事實和邏輯的輔助下，得靠自己去走。利用邏輯與事實助力的第一步，更是尋找和我們已知的邏輯、事實相符的各種可能的結論。這個搜尋過程，將會大大解放我們，使我們擺脫前述僵化的學習模式。看到形形色色、各種可能的結論，每個人都會因為選擇變多而振奮不已。

重點摘要 •

很少有什麼理由只能得到一種結論。評估一組理由之後，你仍然必須決定哪個結論和爭論性議題中最好的理由相符。為免在尋找最堅實的結論時，犯下二分法思考的毛病，我們可

以透過「何時、何處、為何」等問題，提供作成結論的各種情境脈絡。設定條件以作成結論，有助於擺脫二分法思考。「如果」子句是表示這些條件的一種技巧。例如，我們再來談本章一開始所提的「禁止針對兒童做廣告」的論述。有哪些替代結論，可能和作者所給的理由相符？

作者結論：針對兒童做廣告不合法，應立法禁止。

替代結論：

1 如果將公司行號視同個人，那麼就應該享有言論自由，包括廣告；因此公司行號做廣告的權利不該被限制。

2 如果我們能證實兒童沒有能力評估、分辨自己所看的節目，因此廣告對他們的影響力很大，那麼，針對兒童做廣告就屬不合法，應立法禁止。

3 如果立法提案的目的是限制「兒童廣告」的內容，那麼，政府就不應該立法禁止，而是採取事前審核廣告內容的前瞻性作法。

根據作者的理由，還可以提出更多替代結論。考慮這些結論，能夠改善我們的回應品質。

Q 批判性問題：是否另有合理結論？

針對以下論述，設法從理由得出不同的結論。

短文 1

為一大群人的飲食考慮並不容易。然而，校園裡的餐廳應設法提供更多樣化的選擇。長久以來，學生不僅抱怨學校餐廳所提供的食物品質，也對菜色缺乏選擇表示不滿。學校餐廳要做的是供應更多菜色，好讓學生吃得高興，因此願意留在校園裡，而不是到校外用餐。若無法每天提供多樣化的菜色，表示校園餐廳沒有善盡服務的責任。

短文 2

最近我才得知教會是不用繳稅的。這項例外政策違反了美國憲法的政教分離原則。提供教會免稅優待，代表政府對宗教提供了財務支援。即使有人反對教義，免稅政策形同強迫美國人民支持宗教信仰。教會不該繼續享有免稅特權。

短文 3

美國總統川普近來宣布一項計畫，將使社區大學完全免費。這項針對教育層面的社會福利政策，使美國偏離其資本主義根基。此外，若是進入大學就讀的機會增加，選擇進入技職體系的人數就會變少。目前，美國的技術性勞工已有短缺情形，這項計畫只會使情況更糟。

短文 1

結論：學校餐廳未善盡責任，提供能滿足需求的服務。

理由：

1 學生抱怨食物品質。

2 每天可選擇的菜色種類不足。

3 供應更多菜色可以滿足學生，並讓他們留在校園裡用餐。

為了運用此章所述的批判思考技巧，我們需要假設這些理由極具說服力。

若我們認為這些理由可信，理論上，我們會做出以下結論：

· 餐飲服務的目的若是「提供廣泛的菜色選擇、同時確保最少量的浪費」，那麼，學校餐廳目前的做法並無不妥。

· 餐飲服務的主要目標若是「降低校園餐廳的價格」，而多樣化的菜色會造成價格上漲，那麼，目前學校餐廳已經達成要求。

請注意，這兩個替代結論使校園餐飲服務和原文結論中的負面形象大不相同。

短文 2

結論：教會不該繼續享有免稅特權。

理由：

1. 免稅優待違反了美國憲法的政教分離原則。

2. 即使有人反對教義，免稅政策形同強迫美國人民支持宗教信仰。

根據這些理由，我們可以推導出其他結論：

（1）若這項免稅政策和憲法有所牴觸，我們可能需要修改憲法，如同法院依據時代的需求來調整判決。

（2）第二項原因可能導向「需要加強公民教育」此一結論。原因為何？民主法治程序本身就會導致人民無法依個人意願來繳稅。若國會做出決議，認為國家需要擴軍，人民就必須為此納稅，無論個人是否願意為國防預算出力。

13

CHAPTER

克服批判思考的障礙

本章學習目標

1 分析批判思考可能遇到的各種障礙

2 了解批判性問題、快思、堅持信念、答錯問題、自我中心主義、
一廂情願等所造成的社會不適感（social discomfort）會引發危
機。

即使你學會批判思考，也打算善用此思考工具，期許自己成為慎思明辨的人，仍不免發現，在習得批判思考技巧並付諸實行的過程有著許多障礙。我們將「障礙」稱為「減速丘」（speed bump），原因有三：一、當你慢下來後就能克服；二、不論你有沒有意識到，它們的確存在；三、即使意識到它們的存在，它們仍會妨礙並拖住你的腳步。

總之，想要有效戰勝批判思考的減速丘，第一步即是知曉潛在的問題。最後一章致力於幫助各位認知何謂妨礙進步的減速丘，並帶領各位成為批判思考者。一旦你認識了何謂干預批判思考的障礙，當它們造成的威脅出現時，即可督促自己多加小心。

問對問題，卻令人不舒服●

正如我們在第一章所學，批判思考是社會活動。與人接觸往來，為了了解他人的觀點，我們都必須願意去問對的問題。請切記，不是任何人都能坦然面對自身論點遭到質疑。因此，減速丘第一名便是考量「問對問題」會讓對方做何反應。

身為接收批判問題的一方，足以令人覺得自己彷彿站在法庭證人席上遭受訊問。隨著問題越來越多，接收者除了心生不適，甚至可能覺得被威脅，結果勃然大怒而拒絕繼續對話。這樣的人可能不習慣解釋支撐自身論點的原因，也不善說明自己為何支持這些原因。即使了

思考過快 ●

人人都是思考者。早上要穿哪件襯衫、該信什麼教，我們的心智幾乎馬不停蹄地在面對這個世界，無時無刻都在思考。

人類大腦思考的速度可以很快。不過幸運的是，大腦還有一個重要的功能，也就是康納曼提出的「慢想」。這種「思考的第二種形式」，又稱「系統二思考」，也是本文的重點。

慢想是運用大腦的一種方式，旨在理性吸收與評估他人想溝通的事物。若想用三個字總結本文，便是在思考重要事物時「慢下來」。

此外，系統一思考指的是基於少量可用資訊而快速做出評斷，無須經過深思熟慮。未經緩慢、有條理思考所下的評斷，犯錯機會想必很高。

幸好，希望永不止息。系統二思考能推翻系統一的結論。我們的任務在於透過訓練，不

解自己所問出的問題，對溝通雙方都一樣重要，也不代表對方的看法會與你一致。

我們必須注意問出的問題，對往來對象所造成的影響。批判思考者若是不夠謹慎，可能造成人際關係不必要的傷害，甚至從此一刀兩斷，一切都肇因於你引發他人不舒服與不安的情緒。為了永續經營關係，我們必須了解受眾，圓融靈活地運用批判思考的技巧。

讓系統二依賴系統一。依賴系統一很簡單，也不必針對我們的見解或看法進行分析與鑑定；另一方面，仰賴系統一也代表我們為了貪快，自願犧牲正確度與明智的行為。因此，希望各位能養成自問自答的習慣：「我靠什麼來支持我的信念與結論？」

刻板印象 ●

談論任何主題前，我們都早有既定的信念或心智習性（habits of mind）。人們會先入為主地抱持某種偏見，因為相信人都隸屬某一群體，肯定擁有某些特定特徵。

刻板印象是無法取代「慢想」的，請見下例：

1 臉上長毛的男人很聰明。
2 胖子個性活潑。
3 日本人勤奮肯做。
4 年輕人輕浮無知。
5 女性是最佳祕書。
6 領社會福利金的人好吃懶做。

上述六種形象試圖傳達一個重要訊息：某種類型的人會有某種特質，然而，如果我們信以為真，就無法以開放心態與人來往，而開放心態正是強義批判思考的必要條件。再者，遇到與這些人有關的問題或爭議，我們會立刻帶著偏見眼光。刻板印象會讓議題凌駕於理性思辨之上。

身為人，其人值得我們尊重，其言值得我們關注。刻板印象之所以是批判思考的絆腳石，在於試圖抄捷徑，縮短給予評價的困難程序。身為批判思考者，需以好奇心和開放心態為重，刻板印象只會扯後腿，不讓我們謹慎思考別人談話的內容，提早關上我們的心房，忽略了可貴的資訊。

誤導我們的心智習慣 ●

我們有各式各樣的認知能力，但是卻受到一系列心智習慣的限制和誤導。這種認知偏差會試圖擺佈我們，除非我們能將之矯正過來。當我們全面性運用批判思考技巧時，慣性會誘導我們走到錯誤的方向，做出一些我們絕對不會接受的結論。這一節所討論的「認知偏差」，只是少數幾種，並不是全部，但是，認識並抗拒本節所討論的這些「認知偏差」，就

足以大幅度改善所下結論的品質。

光環效應

光環效應（halo effect）意指我們對某個人身上正、負面特質或個性的觀感，並以此評斷與此人相關的一切。

我們對他人的觀感，影響我們如何接收和評估其觀點。若某人在生活某一方面特別突出，我們的心中會替他安上光環，假設他在其他方面也一樣突出。結果對他們的論點太過買單。

舉例來說，有位女性名人歌喉美妙，又常捐助大筆金錢給慈善機構，當她必須進勒戒所戒毒的消息一出，令大眾非常錯愕。這意味著我們過度誇大了名人美好的一面。由於光環效應作祟，我們往往認為那人完美無缺，連帶也信任其思考方式毫無問題。

同理可證，當某人做了我們所謂的「壞事」，我們往往認定那人壞到無可救藥，對他所說的話一概不信。甚至，在還不清楚說話內容之前，就先快速評斷那人是好是壞，對於他的意見，都透過快思來做出反應。

334

信念的堅持性

我們帶著大量先入為主的觀念參與任何對話。豐富的人生經驗，某方面來說形塑了我們；我們都懷有夢想，指引我們去看去聽；所屬文化傳統也促使我們以特定方式去思考。簡而言之，萬事以個人意見為先。回到先前的「淘金」比喻，就像你才拿起工具、打算去挖礦，卻早已認為自己手中有黃金。你當然非常珍惜自己的信念，因為它們是你自己的，會想堅持這些信念也不難理解。因為你投注大量心力，讓你的意見成為你的一部分。

這種固守個人信念的傾向，是批判思考中很頑固的障礙，因為我們從開始交換意見時就偏好自己現有的意見和結論。

如果我比較喜歡民主黨推出的市長候選人，不管背後的理由有多麼膚淺脆弱，可能會一直抗拒你為共和黨候選人所做的訴求和推薦。因為要我承認過去的判斷有瑕疵是很難的事。這種堅持目前信念的誇張行為就是「確認偏誤」（confirmation bias）的來源之一。因為受到「信念的堅持性」（belief perseverance）制約，在研究兩黨市長的選舉宣傳資料時，我們可能只挑與自己信念一致的部分來看，因此更認定民主黨候選人比較強、共和黨候選人比較弱。在這種態度下，「信念的堅持性」會導致「弱義批判思考」。

「信念的堅持性」有部分起源於誇大自己的能力。人們往往無視任何研究報告提出的合理評量數值，自認為在打牌、文法、時間管理方面高人一等。這種不幸的心智習慣也可能導

致產生一種意識：身邊的人都有偏見，唯獨自己沒有；我們總是認為自己很公正，看待事情不偏不倚，其他人卻是戴著模糊、有色的眼鏡來看世界。我們最大的偏執是「我沒有偏見，有偏見的是那群不同意我的人！」

對抗「信念的堅持性」須牢記：強義批判思考要求我們承認，判斷是嘗試性的，必須與時俱進或融入情境脈絡中；我們絕不允許自己太過武斷，而停止追尋更好的說法或描述，正如知名科學家法蘭西斯・培根（Francis Bacon），一六二〇年所說：

面對更好的論述，而改變自己的心意時，應該為自己高興和驕傲，因為成功抗拒了「堅持己見」的誘惑。這種心智改變是很珍貴的反省能力，值得人人讚賞。

可利用性法則

系統一思考之所以令人怠於思辨，因為人們天生習慣憑藉已有的資訊作判斷、而非做出更好決策的「需要的資訊」。吸收與處理額外的資訊，代表需要付出時間與心力。可利用性法則意味著一種心理上的抄捷徑，人們在做出決定時，往往會一而再、再而三地依賴我們唾手可得的資訊。

試想有人問你：對人類安全最大的威脅是恐怖主義或飢荒？你最常聽到哪一種答案？會

由大型政府組織介入處理的問題是兩者中的哪一個？如果你的答案是「恐怖主義」，那麼你就錯選了一個比例僅有千分之幾的答案——世界上每天有逾六萬人死於飢餓或不安全的飲用水，相較之下只有少數人死於恐怖分子之手。在選擇攻擊論述的問題點時，以上的數據就十分關鍵。

可利用性法則還有另一個類似的例子。人類最大的威脅是瘧疾或暴力？你心裡浮現何種畫面？請回想你這兩天看過的新聞報導，與這兩種致死現象有關的例子各有多少？再想想防制瘧疾與暴力的公務員人數。同時，莫忘歷史上發生的大大小小戰爭。現在，你應該知道哪一個敵人威脅更大。沒錯，就是瘧疾。死於瘧疾的人數平均每年的成長幅度約比暴力受害者高出三三％。

可利用性法則也與一個有害的心理習慣密切相關，即「近因效應」（recency effect）。最新發生的資訊通常可以立即取得，作為思考的依據。譬如，即使搭飛機相當安全，但是空難發生後的一段時間內，仍有許多旅客選擇不搭飛機。從大眾的角度看來，單一空難事件所引發的效應，遠遠大於顯示空難發生率微乎其微的系統性安全統計數據。

答非所問

無法有效溝通也肇因於一個不幸的心智習慣，若不改掉，就無法成為高超的批判思考

者。聽到問題時，我們往往會自動給出心中最快浮現的答案，結果答非所問，下意識地把別人問的問題換成了我們自己的問題。

請看這個例子，史蒂芬・柯瑞（Steph Curry）是最偉大的籃球員嗎？「我不知道在哪裡看過他說自己的職業生涯輸掉了三百場以上的比賽。」你覺得這個答案如何？原本的問題是問柯瑞輸了多少場比賽嗎？如果他輸了三百場，其他「史上最佳籃球員」候選人又輸了幾場？

請嘗試在最近一篇《滾石》雜誌訪談中找出「減速丘」。當基思・理查茲（Keith Richards）被問及與米克・傑格（Mick Jagger）之間的嫌隙時，他這麼回答：

我和米克都是專業音樂人。只做音樂上必要的事。

對理查茲來說，回答這個問題顯然很費功夫，他心裡或許先忍住了不適合在《滾石》這樣的公開平台說出來的答案。

對批判思考者來說，重點在於一旦有人答非所問，對話走向就與一開始不同了，結果開啟了另一段截然不同的對話。總之，慢想很難，若有人不讓我們聚焦於單一問題時更難，大幅削弱了我們提出高效批判問題的能力。

自我中心主義 ●

請想想為何你總在同一個地方碰到減速丘。我們都為自己著迷、也忠於自我。「自我中心主義」指的是人們以自己為世界的中心，毫不考慮他人的經驗或意見。比起全球每天有超過三萬五千人餓死，我們更關心的是家裡的食物櫃空了。不知怎麼的，我們認為地球的確、也應該繞著我們的經驗、想法與需求轉動。

事實上，檢視減速丘時，若能像重視自己一樣，透過他人角度並以他人意見為依歸，將是很好的系統二練習。跟你不一樣的人怎麼過日子，更值得你高度關注與參與。請反覆傾聽並詢問這些人的意見，多確認他們所言、以及何出此言。強迫自己進入他們的腦中，找找有無支持他們立論的強大基礎。

以所謂的信念為例，若我們能用全新的觀點來看待，他人的信念將會和我們自己的信念獲得同樣的尊重。如能做到這一點，各種本來會因為以人廢言而被忽視的原因和看法，才能真正被我們所聽見。

表明自身想法或評估他人想法時，我們往往會忘了觀眾的存在，只在乎我們知道的一切，也知道怎麼去做，自我中心主義持續作祟。

當你必須和不懂批判思考、或還沒學會批判思考技巧的人溝通時，尤其應該留意觀眾的

反應。

批判思考者對「知識的詛咒」（curse of knowledge）束手無策，這點與常人並無二致。

「知識的詛咒」指的是當下聽了無法理解，事後也無法重述的內容。

要是忘了知識詛咒的存在，就會陷入《宅男行不行》（The Big Bang Theory）中謝爾頓和佩妮的對話情境：

謝爾頓：我有符號學的問題需要妳幫忙。

佩妮：啥？

謝爾頓：符號學是研究跡象與象徵的學問，可視為語言學的一支。

佩妮：親愛的，停。你一定以為自己解釋得很清楚，事實上有說等於沒說。

如果謝爾頓多想想佩妮是什麼樣的人，就會發現他的自我中心主義阻絕了任何可能的理性對話。

一廂情願：批判思考最大的絆腳石

二○○五年，美國著名脫口秀節目主持人史蒂芬‧柯貝爾創造「真相感」（truthiness）一詞來提醒我們注意一種危險的心智習慣。某人偏好的觀念或事實，若只是那人自己希望它們是真實的，而非被認定且證明為真實的話，就可以說：這個人犯了「真相感」的偏頗。

換句話說，許多人的信念是由「一廂情願」的想法所形成；只因為他們希望是真的，就宣稱它是真的；在這種情況下，他們是讓事實來順應自己的信念，而不是讓信念去配合事實。我們很確定，你已經看出這當中的問題。因為希望翻轉現況，而相信現況真的要有所改變。如果我們發現自己有這種「真相感」的傾向，我們需要一再追問自己：「是我一廂情願希望它是真的，或者有明確的證據可以證明它是真的？」否則會像《哈利波特：混血王子的背叛》中的哈利波特一樣，因系統一思考而出糗：

哈利波特：是馬份幹的。

麥教授：波特，那是很嚴厲的指控。

石內卜：沒錯。你有什麼證據？

哈利波特：我就是知道是他幹的。

石內卜：你——就是——知道？（嘲諷語氣）我再重申一次，波特，你的天分真令我驚訝啊。

一廂情願的想法常常糾纏不去，因為我們的潛意識經常在不知不覺中抗拒事實，設法從樂觀的面向來看世界，甚至逾越事實真相的界限。對問題的憂慮和恐懼常會形成一層保護膜，讓我們看不清楚自己所居住的真實世界。

回想一下，你這一生當中聽過多少次國家領導人高聲疾呼：戰爭即將結束，我們很快就要贏得勝利。但是這類預測通常證實是空頭支票，到頭來，我們還是得面對現實：戰爭一拖再拖，勝利浮在雲端，誰也贏不了誰。只是，想到這種真相就讓人痛不欲生，所以乾脆不去想。於是我們心智設法忘卻並消除它。

有種「一廂情願」的想法，名為「奇幻思維」（magical thinking）。對科學無法合理解釋的現象或無法妥善控制的事物，人們傾向於使用「奇幻思維」來說明因果關係。來聽聽《辛普森家庭》的霸子怎麼批判「奇幻思維」：

美枝：好了，孩子們，把信給我吧。我要寄去北極的聖誕老人工作室。

霸子：拜託喔，只有一個胖男人會送我們禮物，而且他不叫聖誕老人。

在人們強烈感覺不能了解或改變一種情況時，「奇幻思維」的傾向就達到最高峰；現實生活中的隨機現象或偶然意外倘若被認為太過殘忍無情，人們就拿「奇幻思維」的正向承諾來取而代之。一定會有某人或某個好點子改變一切，帶來光明美好。想想選舉時政治人物對選民端出的牛肉就知道。我們並非因為他們說話有憑有據而投下信任票，只是單純「想要」信任他們罷了。

「一廂情願」和本章所提到的每種障礙的解藥，都需要積極使用批判性問題來消除它們。這些障礙是我們生命中的一部分；我們不能忽視它們，但絕對可以

批判思考的減速丘

一廂情願

問對問題造成的不舒服

答非所問

可利用性法則

堅持信念

請小心這些「思考障礙」

自我中心主義

刻板印象

光環效應

想太快

背叛我們的心智習慣

使用好奇心和批判思考的原則來抗拒它們。

小結●

批判思考是很有用的工具，能否發揮功能要看你努力的程度。在結束本書之前，我們鼓勵你將自己開發出來的批判思考態度和技巧做最佳運用。

本書花了大半篇幅和心力，建構出你專屬的全方位批判思考「技巧」。第一章指出批判思考者的基本價值觀是自主權、好奇心、人性與對良好推論的尊重。

若想在生活中奉上述價值觀為圭臬且付諸行動／有所作為，需要發展特定的心理習慣。這些習慣並非與生俱來，也難以養成，我們給各位的挑戰是頻繁進行自我評量。為了幫你完成，我們提供了每種習慣的簡短說明，也將你定位為批判思考者。

批判思考者應有的行為：

1　吸收大量資料，據此提供多元觀點與全面性的假設。

2　以理由與證據作為決策依據。

3　對於他人的信念，以開放的心胸去了解；同時，也應採取質疑的態度去驗證信念是

否合理可信。

4　對於任何說法的真實性，提醒對方應尋求並尊重多元觀點。

如何讓別人將你的批判思考當成友善的工具，可用來改善聽者、說者、讀者和作者的生活品質？像其他批判思考者一樣，我們也一直在努力思考這個問題。目前為止，我們認為最有用的策略，就是以好奇的口吻來提問批判性問題，絕對不是以「哈！我可當場逮到你的錯誤了」這種態度來批判。後者這種做法，恐怕只會害你的人際關係「一槍斃

批判思考者

吸收大量資料，據此提供多元觀點與全面性的假設

對於任何說法的真實性，提醒對方應尋求並尊重多元觀點

以理由與證據作為決策依據

對於他人的信念，以開放心胸去了解，以質疑態度去驗證信念是否合理

命」。

我們的臨別贈言是，希望你多參加議題的討論。批判思考不是枯燥無味的業餘嗜好，不是只供課堂或考場使用的工具，更不是讓你炫耀機智、辯才的手段。它提供通情達理的人一個合作結盟的平台。信念本身是很神奇，但其報酬還在後續的行動；在你找到問題的最佳答案之後，你應該去實踐那個答案。讓批判思考變成你創造身分和地位的基礎，讓它為你工作，也服務你的公司和社團。

我們衷心期待你的回饋。

國家圖書館出版品預行編目資料

看穿假象、理智發聲，從問對問題開始：【全球長銷 40 年】美國大學邏輯
思辨聖經 / 尼爾‧布朗、史都華‧基里著；羅燿宗、蔡宏明、黃賓星譯 . --
初版 . -- 臺北市：城邦商業周刊, 2019.04
　　面；　公分 . -- (藍學堂；90)
譯自：Asking the Right Questions: A Guide to Critical Thinking
ISBN 978-986-7778-58-1(平裝)

1. 推理 2. 辯論

159.4　　　　　　　　　　　　　　　　　　　　　　　108003905

看穿假象、理智發聲，從問對問題開始
【全球長銷 40 年】美國大學邏輯思辨聖經

作者	尼爾‧布朗 M. Neil Browne、 史都華‧基里 Stuart M. Keeley
譯者	羅燿宗、蔡宏明、黃賓星
商周集團榮譽發行人	金惟純
商周集團執行長	王文靜
視覺顧問	陳栩椿
商業周刊出版部	
總編輯	余幸娟
責任編輯	林昀彤
封面設計	張曉君
內文排版	菩薩蠻數位文化有限公司
出版發行	城邦文化事業股份有限公司 - 商業周刊
地址	104 台北市中山區民生東路二段 141 號 4 樓
傳真服務	（02）2503-6989
劃撥帳號	50003033
戶名	英屬蓋曼群島商家庭傳媒股份有限公司城邦分公司
網站	www.businessweekly.com.tw
香港發行所	城邦（香港）出版集團有限公司 香港灣仔駱克道 193 號東超商業中心 1 樓 電話：(852) 2508-6231　傳真：(852) 2578-9337 E-mail：hkcite@biznetvigator.com
製版印刷	中原造像股份有限公司
總經銷	聯合發行股份有限公司　電話：(02) 2917-8022
初版 1 刷	2019 年 4 月
初版 5 刷	2019 年 6 月
定價	380 元
ISBN	978-986-7778-58-1（平裝）

藍學堂

學習・奇趣・輕鬆讀